SHODENSHA SHINSHO

帝国陸軍　知られざる地政学戦略

――見果てぬ「防共回廊」

関岡英之

祥伝社新書

まえがき

かつて私はインド亜大陸をあてどなく放浪するバックパッカーの一人であった。カルカッタの安宿に沈潜(ちんせん)し、ねっとりとまとわりつくような暑気に憔悴(しょうすい)し切った私は、ふと思い立って進路を北に取り、ヒマラヤに涼を求めた。

名高い紅茶の産地であり、植民地時代に英国人の避暑地として開発されたヒマラヤ山麓の小都市ダージリンの市街を散策していたとき、結婚披露の宴(うたげ)を催(もよお)す瀟洒(しょうしゃ)な住宅の門口を偶然通りかかった。若かった私は、手招きされるまま宴の末席に連なった。

それは一九五九年にダライ・ラマ十四世とともにチベット本土を脱出し、インドへ亡命してきたチベット人の家だった。洗練された英語の会話や優雅な立ち振る舞いから、教養ある貴族階級の一族だったのではないかと見受けられた。

その席で得た情報をもとに、チベット難民センターを郊外に訪ねてみた。ハンディクラフトの制作販売などで生計を立てながら、立派な学校を運営して子女にきちんとした教育の機会を確保しているチベット難民の誇り高い毅然とした暮らしぶりに心を打たれた。

チベット亡命政府の所在地であるダラムサラにも足を延ばした。市内には、「チャイニーズ・ゴー・ホーム」「ウィー・シャル・リターン」と書かれた英語の横断幕がいくつも掲げられていた。私はその下をくぐり抜けながら、中国によるチベット侵略についてほとんど何も知らなかった自分を深く恥じた。

中央図書館を訪ねてみると、ロビーで写真展が行われていた。一九七九年から八〇年にかけてチベット亡命政府が三次にわたってチベット本土に派遣した視察団が撮影してきた写真だった。ダライ・ラマ十四世の名代である視察団は、チベットの人々から熱狂的に迎えられた。視察団が乗った車の周囲に膨大な数のチベット人が群がり、必死に手を差し伸べている写真は胸に迫るものがあった。

最も衝撃的だったのは、山の斜面一面に広がる壮大な寺院群が完全な廃墟と化している光景の写真であった。説明文によると、ラサ三大寺院の一つガンデン寺だという。それ以来、私は中国によるチベット侵略に無関心ではいられなくなった。

チベット問題について学んでいくなかで私は、戦前の日本がチベットのみならずモンゴルやウイグルなどとも浅からぬ関係を構築していたことを知った。それは旧帝国陸軍が極秘で推進していた地政学戦略の一環であり、モンゴル、ウイグルの独立を支援して反共親日国家群を樹立し、ソ連の南下を防ぎ、中国共産党との連携を遮断し、東アジアの赤化を阻止するという壮大な構想に基づいていた。これを「防共回廊」構想という。我が国では敗戦後、正史で決して採り上げられることのない逸史として封印された。

本書は、外務省外交史料館が所蔵する一九三〇年代のウイグル独立運動に関する機密公電、戦前北京に本部があったイスラーム組織が発行していた漢語の機関誌、中国共産党側の未邦訳文献など、これまで我が国で活用されてこなかった新資料を発掘し活用した。

さらに諜報史の分野で注目されながら戦中及び戦後の動静が謎に包まれていたある陸軍特務機関長の遺族から提供された貴重な史料を駆使し、現在も中国による圧政下で呻吟(しんぎん)する諸民族と、戦前日本の知られざる交流秘史を解き明かしていく。

中国の最大の弱点である民族問題を知ることは、強大化した中国の軍事的・経済的脅威に晒されている我が国に限りない示唆(しさ)を与えてくれることも明らかにしたい。まずは三十年ほど前のチベットの首都ラサへ、時空を超えて飛んでいこう。

目次

目次

第二章　イスラームと帝国陸軍——回民（中国ムスリム）　117

戦前の資料の引用は、原文が旧漢字・カタカナ表記の場合、当用漢字・ひらがな表記に極力改め、適宜句点を補い、改行を行った。固有名詞のカタカナ表記に関しては近年の一般的な用例を参考にした。

また、年号については、民族問題を扱う本書の性格上、日本の和暦、皇紀だけでなく、満洲帝国暦、中華民国暦、チンギス・ハーン暦、イスラーム暦などが関係してくるが、その都度注記することは煩瑣（はんさ）を極めるため、不本意ながら西暦に統一した。

第一章

防共回廊の源流——チベットとモンゴル

■破壊された仏像

首をもぎとられた仏陀（ぶっだ）。破壊し尽くされ、ゴミのように山積みにされた国宝級の聖なる仏像の残骸……。

ダライ・ラマ法王の夏の離宮であったノルブリンカを見学したときのことだ。ここは一九五九年にダライ・ラマ十四世が亡命する直前まで滞在していた歴史的にも重要な建築物である。ダライ・ラマ十四世が脱出したあと、中国軍によって徹底的に破壊された。

中国当局は「チベットの宗教文化を破壊したのは文化大革命時代の紅衛兵（こうえいへい）や四人組のしわざであって現政権の責任ではない、我々は巨費を投じてすべて修復した」と主張していた。確かに離宮は外観も内部も表面的には見事に復元されていた。

だが、離宮の裏庭には不似合いな掘っ立て小屋を見つけ、なんとなく気になって近寄り、板のすき間からなかを覗（のぞ）いて私は思わず息を呑（の）んだ。

ときは一九八八年。四人組が逮捕されてから十二年も経（た）っているというのに、依然としてチベット仏教がかくも無惨に蹂躙（じゅうりん）されたままである実態を、私はこの目で見た。左ページの写真はこのとき私自身が撮影したものだ。

一九八七年九月、ラサで大規模なデモが発生した。一九五九年のダライ・ラマ十四世の

1988年９月、ラサのノルブリンカにて、著者撮影

インド亡命以来、中国の厳重な報道管制下に置かれていたチベット本土での抗議運動が世界に伝えられたのはこれが初めてである。長年、中国の抑圧下で隠忍自重してきたチベット人たちの忍耐が、ついに限界に達したのだ。

それからちょうど一年後、私は中国占領下のチベット本土を訪れ、首都ラサからギャンツェ、シガツェを経てネパールの首都カトマンズまで陸路を走破した。胡錦濤が「チベット自治区」党委員会書記として着任する数ヶ月前のことだった。

それは胸が押しつぶされるような不快な旅だった。我々のツアーには、四川省の成都から随行してきている漢人女性と、ラサ出身のチベット人女性の二名の通訳兼ガイドが配属された。

チベット人ガイドは日本語が堪能なのだが、漢人ガイドが「彼女は日本語が達者じゃないから」と決めつけ、徹底的に排除しようとする。

しかし漢人ガイドの付焼刃（つけやきば）の知識では、私たちの質問にまともに対応できないことがすぐに明らかになった。抗議すると漢人ガイドは血相を変え、チベット人ガイドは二度と姿を見せなくなってしまい、翌日からは漢人ガイドが解説本を首っ引きで説明するようになった。

漢人ガイドは、北京語が話せる私に対しては気を許して「実のところ、我々はチベット文化にぜんぜん興味がない。むしろなぜ日本人がこんな後進的な文化に興味を持つのか理解できない」と本音を白状した。チベットの文化を学ぼうという気がないので、まともに説明できないわけである。

漢人ガイドはまた、「早くあなたがたをネパール国境まで送りとどけて成都に帰りたい」としきりに訴えていた。私たちのツアーは四輪駆動に分乗し、ラサから四泊五日かけて九月二十三日にネパール国境に着く予定だった。漢人ガイドは私たちが国境を越えるのを見届けたあと大急ぎでラサに取ってかえし、中国民航で四川省に飛んで帰るという。デモ発生一周年にあたる九月二十七日以前にチベットから脱出しようと気もそぞろだったのだ。

そうした緊張がみなぎるなか、私たちのツアーは歴代ダライ・ラマ法王の居城であったポタラ宮殿を参観した。建築も仏像も、表面的には見事に修復され、宮殿の内部には灯明に使われるバターの香りが立ち込めていた。

しかしポタラ宮殿を訪問したときの記憶として、いまでも私の脳裏に鮮明に焼きついているのは一人の西洋人観光客の姿である。場違いなド派手ファッションに肥満体を包んだその中年女性は、神聖な空間であるポタラ宮殿内部で傍若無人に写真を撮りまくっていた。フラッシュ禁止の場所でも平気で閃光を炸裂させている。

見かねたラマ僧が制止しようとすると、なんとその中年女性はハンドバッグからダライ・ラマ十四世の写真のカラーコピーの束をもったいぶって取り出してラマ僧たちに見せ、さっと隠して「文句を言うとあげないわよ」というようにかぶりを振り、抗議を無視してフラッシュをたき続けたのだ。ラマ僧たちはあきれたように見つめるばかりだった。

■一九八九年――重大な転機の年

私がチベット本土の旅から帰国したあと、事態は急展開していった。三ヶ月後に胡錦濤が「チベット自治区」の最高責任者として着任すると、そのわずか約一ヶ月後にパンチェン・ラマ十世が突然遷化（高僧が死去すること）した。まだ五十歳という若さだった。
パンチェン・ラマはチベット第二の都市シガツェのタシルンポ寺の活仏である。本来、政治的権力は一切ないが、宗教上はダライ・ラマ法王に次ぐ高位の活仏とされているため、チベット社会の分断を狙う中国からしばしば攪乱工作の対象にされ、先代九世の時代から中国に政治的に利用されてきた。パンチェン・ラマ十世はダライ・ラマ十四世のインド亡命後も中国に残留したため、中国とチベットとの板挟みになり、一時はチベット人から裏切り者と誤解されたり、中国当局に九年間も投獄されたりするなど、辛酸をなめ尽くした。

パンチェン・ラマ十世は遷化する直前に、自分の肖像画を寺院の壁画に描かせたという。チベットでは普通、活仏の肖像画は死後に描くべきもので、生前に描くのは極めて不吉とされている。謎に満ちたパンチェン・ラマ十世の急逝が、チベット問題の重大な転機となっていく。

パンチェン・ラマ十世の遷化から二ヶ月後の三月上旬、その非業の死を悲憤するかのように、ラサで過去最大級のデモが勃発した。中国側の公式発表でも十二名、諸説では五百名から八百名もの死者が出る大惨事となり、チベットに着任して間もない胡錦濤は、ついにラサに戒厳令を施行した。中華人民共和国の成立以来、あの文化大革命の最中でさえ、戒厳令の発動は前例がない。

胡錦濤は経歴を見ればわかる通り、もともとは水力発電所の技術者であり、しかも甘粛省、貴州省といった辺境の任地を転々とさせられるばかりでこれといった実績もない。それまでまったく無名の一地方幹部に過ぎなかった胡錦濤は、建国以来初の戒厳令発動、そしてチベット人の徹底粛清という武功によって鄧小平の目に留まり、いきなり中国共産党政治局常務委員に抜擢され、ついには江沢民の後継者として党、軍、国家の頂点に上りつめる。

ラサ戒厳令は、中国の民主化運動の口火となって、三ヶ月後の六月四日に北京で起きた第二次天安門事件へとつながっていく。これが、チベット問題を中心とする中国の人権問題が国際社会の注目を集めるきっかけとなり、この年のノーベル平和賞受賞はダライ・ラマ十四世に授与されることになった。

以来、ダライ・ラマ十四世はチベット亡命政府の元首として国際社会で認知され、ローマ教皇、英国皇太子、そして米国の歴代大統領など西側諸国の指導者と会談を重ねるようになった。一九八九年はダライ・ラマ十四世にとっても、胡錦濤にとっても、まさに運命の岐路となった転機の年であった。

遷化したパンチェン・ラマ十世の後継問題は、その後のチベットと中国の大きな対立要因の一つとしていまも尾を引いている。

■輪廻転生（りんねてんしょう）

よく知られているように、チベット仏教では輪廻転生が根本教義の一つであり、ダライ・ラマ法王やパンチェン・ラマなどの活仏は亡くなると「転生霊童（れいどう）」として生まれかわるとされている。

ダライ・ラマ法王の場合、転生霊童はネチュンという法王直属の神託官の託宣を手がかりにして各地で候補者が探索され、数名の候補者のなかから様々なテストによって該当者が認定される。転生霊童は幼少時から高僧たちによって徹底した帝王教育を受け、チベット人の尊敬を受ける精神的指導者として人格を陶冶（とうや）されていくわけである。

一九九五年、ダライ・ラマ十四世は当時六歳だったゲンドン・チューキ・ニマ少年をパンチェン・ラマ十一世として正式に認定したが、中国当局は幼いパンチェン・ラマ十一世を拉致（らち）し、いずこかに監禁してしまった。そして同年齢のノルブという少年を勝手に「パンチェン・ラマ十一世」として発表した。

その後、中国当局はノルブ少年に対して徹底した洗脳教育を施し、傀儡として養成していると伝えられる。一方、真のパンチェン・ラマ十一世はなんの法的根拠もないまま拘束され、二十年以上経った現在も消息不明である。

転生霊童の認定問題についてはもう一例、国際的なニュースとなった事件がある。パンチェン・ラマ十一世の認定問題に先立つ一九九二年、ダライ・ラマ法王庁と中国当局の双方は、カルマパ十七世の認定で一致した。カルマパとはチベット仏教四大宗派の一つカギュー派の最高位で、ゲルク派のダライ・ラマ十四世よりも由緒が古いチベット仏教最古の活仏である。

カルマパ十七世はその後、中国当局から徹底した社会主義愛国教育を受けているとされていたが、二〇〇〇年に突然ヒマラヤを越えてインドへ脱出し、ダラムサラのダライ・ラマ十四世のもとに身を寄せた。高位の活仏の亡命に中国当局は衝撃を受けた。

二〇〇二年にダラムサラを再訪した際、私はカルマパ十七世に拝謁した。当時まだ十七歳だったが、聡明で意志の強そうな目が印象的で、「ダライ・ラマ十四世を心から尊敬している」と明言された。

私が「日本はチベットと同じアジアの国、仏教の国です。ぜひ一度ご訪問ください」と申し上げると、目を輝かせて「行ってみたいです」とお答えになり、会見終了後、私たちの通訳に「日本語を勉強してみたい」と漏らされたそうだ。

ダライ・ラマ法王庁が認定した真の転生霊童には、たとえ中国当局が何年にもわたる徹底した洗脳教育を押しつけても一切効果がないことがカルマパ十七世によって証明された。中国のメンツは丸潰れとなった。

政治権力を持たないパンチェン・ラマやカルマパでさえ、後継問題は中国の思惑通りにはならない。ましてやチベット仏教の最高指導者で亡命政府の国家元首であるダライ・ラマ法王となれば、ことは遥かに重大である。

二〇〇七年九月、中国当局は転生霊童認定に許可制を導入した。ダライ・ラマ十四世の後継問題に先手を打ったつもりだろうが、深遠なチベット仏教の精神世界に、唯物主義の中国共産党が太刀打ちできるはずがない。この問題の唯一の解決方法は、中国がチベットに対する一切の干渉を止め、チベットの固有の価値観、固有の内在的論理を全面的に尊重する以外にないだろう。

■チベット問題に日本はどう反応してきたか

一九九五年、ダライ・ラマ十四世の来日が十一年ぶりに実現した。日本の外務省は法王庁に対して政治活動や政治的発言を一切しないことをビザ発給の条件とした。このためダライ・ラマ十四世の日本での活動や発言は、仏教や文化に関することに厳しく制限された。ダライ・ラマ十四世の外国訪問に際しては、日本だけでなくすべての受け入れ国に対し入国ビザを発給しないよう、中国当局から圧力がかけられる。

東京のホテルオークラでダライ・ラマ十四世の講話と立食パーティーが行われた。平日の夜だったため、当時銀行員だった私は仕事を終えてからぎりぎりに駆けつけたが、会場は既に満席で入ることができず、別会場に臨時に特設されたスクリーンを通して間接的に講話を拝聴できただけだった。

しかしそのあとの立食パーティーでは嬉しいハプニングが起きた。会場に入れなかった大勢の聴衆がいたと聞きおよんだダライ・ラマ十四世が、その一人一人と握手したいと所望されたのだ。おかげで私も法王猊下の御手に触れることができた。

しかし当時ダライ・ラマ十四世の来日は新聞でもテレビでもほとんど報道されず、知る人ぞ知る出来事だった。中国が神経を尖らすチベット問題は、日本では長年マスコミ・タブーの一つだったのだ。当時を知る私などは、いま電車内の雑誌の吊り広告にまでダライ・ラマ十四世の写真があふれているのを見ると隔世の感に打たれる。

マスコミの沈黙にもかかわらず、日本の国民のあいだではチベット問題への関心が少しずつ高まっていった。なんといってもダライ・ラマ十四世の存在が大きいが、映画の影響も大きかった。

まず一九九三年にイタリアの巨匠ベルナルド・ベルトルッチ監督が、チベット仏教の転生霊童を主人公とした『リトル・ブッダ』という作品を発表した。この映画は中国によるチベット弾圧を声高に告発するものではなかったが、さりげなく挿入されたカットに重要なメッセージが込められていた。例えば、地球儀の中華人民共和国の上に、チベット本来の領土をかたどったシールをペタンと貼るシーンがあった。

現在、中国当局が「チベット自治区」と称しているのはチベット本来の領土の一部に過ぎない。ダライ・ラマ十四世の出生地であるアムド地方は「青海省（せいかい）」にされている。四川省の西半分は本来チベットのカム地方で、甘粛省と雲南省（うんなん）の一部も本来チベット領だが、いずれも中国の省に編入されている。ベルトルッチ監督はそれを暗に批判しているのだ。

政治的主張が控えめで芸術性が高いこの作品には、こうしたメッセージがさりげなくちりばめられていた。

一九九七年にはチベット問題をテーマとする二本のアメリカ映画が製作された。ジャン・ジャック・アノー監督の『セブン・イヤーズ・イン・チベット』と、マーチン・スコセッシ監督の『クンドゥン』である。どちらも中国のチベット侵略とダライ・ラマ十四世をはじめとするチベット人の受難をストレートに扱っていてわかりやすいうえ娯楽性も強く、大衆に広くアピールして興行的にも成功した。特に日本の若年層のあいだでチベット問題への関心が高まったのは、主としてこの二作品の影響と言えよう。

二〇〇〇年にダライ・ラマ十四世が来日したときには、東京ベイNKホールを借り切って法話が行われた。当日、会場最寄りの舞浜(まいはま)駅に行ってみて驚愕した。ダライ・ラマ十四世の来日はマスメディアでは報道されていなかったのに、駅前のバスターミナルには、NKホール行きのバスを待つ人々が長蛇の列をなしており、係員が声を枯らしながら誘導にあたっている。並んでいる人々のなかには茶髪の若いカップルの姿も目立つ。そしてなんと余分のチケットを求めるダフ屋までもが徘徊(はいかい)しているのだ。

会場に着いてみると自由席は既に完売で、六千人収容できるというホールは、ほぼ八割がた席が埋まっていた。いくらマスメディアが隠蔽しようとしても、映画やインターネットの浸透力を抑えることはできない時代なのだ。

こうした社会的反響を見て、従来ダライ・ラマ十四世の来日について沈黙を守ってきたNHKがついにその慣例を破った。総合テレビのニュース枠では相変わらず一切採り上げなかったが、教育テレビでダライ・ラマ十四世のインタビューを二夜連続の特別番組で放映したのだ。

インタビュアーの一人、作家の藤原新也（ふじわらしんや）氏からのちに聞いたが、インタビューはダライ・ラマ十四世の離日直前に成田空港付近のホテルで急遽（きゅうきょ）セットされ、当時のNHK会長と番組関係者以外にはNHK内部でも極秘扱いにされていたという。

二〇〇〇年の来日講演録は、『ダライ・ラマ来日講演集　智慧と慈悲』と題して春秋社から刊行されている。講演の通訳をつとめた翻訳者マリア・リンチェン氏はあとがきで次のように記している。


……私をびっくりさせたのは、法王猊下の護衛をするべき警察やボディーガードがほとんど見当たらないことである。駅の通路やプラットホームでも、目の前を一般客が横切っていったり、法王猊下その人であることに気づきもしないふつうの人たちが、素知らぬ顔で肩を触れんばかりにすれ違っていったりするのである。
私にとっては信じられない光景であった。（中略）
先進国ならば、どこの国だって法王猊下を一国の指導者として尊敬し、国賓として厳重に護衛をつけ、敬意を表しているはずである。（中略）一般客にまじってホームを歩き、一般客と同じ車両の座席に座って旅をされる法王猊下を見て、全世界の尊敬を集める人格者を、中国からの圧力に屈して、こんなふうにしか扱えない日本という国が、自分の国ながらひどく情けなく、恥ずかしく思われた。

マリア・リンチェン氏は早稲田大学建築学科を卒業し、その後チベット人と結婚してダラムサラに在住、ダライ・ラマ十四世の信任篤（あつ）く、来日のたびに通訳として随行している大和撫子（やまとなでしこ）である。

■ダライ・ラマ十四世法王との会見

二〇〇二年六月、私はガンデン・ポタン（ダライ・ラマ法王庁）成立三百六十周年祝賀行事に参加するため、ダライ・ラマ法王日本代表部が主催したツアーでインドのダラムサラをほぼ二十年ぶりに再訪し、前述のカルマパ十七世猊下、チベット史上初の直接選挙で選出された亡命政府首席大臣サムドン・リンポチェ閣下、法王直属の神託官ネチュン・クテンなどのほか、長年の念願かなってダライ・ラマ十四世法王猊下に拝謁する機会を得た。

私は、当時世界を席巻していた米国発のグローバリズムが若い世代のチベット人へ及ぼす影響、そして非西洋世界における近代化と伝統文化や固有の価値観との相克(そうこく)について、法王猊下のお考えをうかがってみた。法王猊下は重厚なバリトンで次のように述べられた。

「グローバリズムの影響は表面的なもの、外見だけのものではないでしょうか。人々の内面への影響、伝統的な価値観や宗教文化への影響は限定されており、心配するには及ばないと思います。日本人は日本語を話し、伝統文化を見事に守っているではありませんか。

チベット人も同じです。私もかつては毎朝ツァンパ(大麦を煎(い)って粉にひいたチベットの伝統的な主食)を食べていましたが、いつのまにか朝食にパンを食べるようになりました。私はまだチベットの僧衣を着ていますが、日本固有の価値観の衰頽(すいたい)を憂(うれ)うあなたは洋服を着ているじゃありませんか、はっ、はっ、はっ」

完敗である。法王の叡智(えいち)の前では「憂国の士」もかたなしだ。そのとき法王猊下に祝福

ダライ・ラマ十四世に拝謁する著者（2002年6月、ダラムサラにて）

して頂いたカタ（白妙（しろたえ）の絹織物）は今でも大切に保管している。

ダライ・ラマ十四世はその後〇三年、〇五年に来日、〇六年には広島で開催された「広島国際平和サミット」に出席、南アフリカのデズモンド・ツツ大司教、北アイルランドの市民運動家ベティ・ウィリアムズ女史とともに世界に向けて平和のメッセージを発信した。

私も広島まで聴きに行ったが、会場にはNHKをはじめとするテレビ局各局がカメラを並べ、一部始終を収録していた。ところが宿に帰ってNHKの夜のニュースを見て驚いた。全国ネットはおろかローカルニュースでも広島国際平和サミットについてはまったく報じない。東京に戻って新聞各紙を調べてみたが、やはり一行も報じていない。世界的に著名なノーベル平和賞受賞者が三人も来日し、広島で平和サミットを開催したというのに、ほとんどの日本国民はその事実さえ知らされないというのはどう考えても異常ではないか。

だが皮肉なことに、中国が威信をかけた北京五輪が開催された二〇〇八年、日本におけるチベット問題の扱いが大きく変わる新たな局面が生まれた。

この年三月にラサで大規模な騒乱が発生し、命懸けで抗議するラマ僧や、殺害されたチベット人の無惨な映像がインターネットで世界に配信されたことをきっかけにチベット情勢に世界の注目が集まり、武力弾圧、人権抑圧を止めない中国に平和の祭典オリンピックを開催する資格があるのか、いまさらながら問い直されるようになった。

二〇〇八年四月二十六日、長野市で行われたトーチリレーへの抗議デモに、私は一市民として参加した。そして「国家主権が蹂躙された〝あの日〟の真実」と題するレポートを『正論』二〇〇八年七月号に寄稿した（『中国を拒否できない日本』ちくま新書、二〇一一年刊に所収）。

あの日、長野の市街を占拠した紅旗と、中国人たちの異様な集団行動の映像に衝撃を受けた日本人は少なくないはずだ。その直後の五月六日に東京青山の日本青年館で開催されたチベット支援集会で、満席となった大ホールを見渡した在日チベット人が「自分は十年以上日本で暮らしているが、チベット問題でこんなに大勢の人が集まってくれる日が来るとは想像もしませんでした」と感無量の面持ちで語っていた。集会に続いて行われた抗議デモには約四千人が参加した。

■戦前日本に留学したチベットの高僧

長野事件をきっかけに、チベット人をはじめとする諸民族への中国による弾圧への関心が日本でも劇的に高揚するようになった。

だが、チベットと日本のあいだには、明治の御代から大東亜戦争の終焉(しゅうえん)に至るまで、知られざる交流があった。チベットは長く鎖国を国是としていたが、その障壁をかいくぐってチベットに潜入した複数の日本人が早くも明治期に存在した。

そのうち最もよく知られているのは河口慧海(かわぐちえかい)である。河口慧海は黄檗(おうばく)宗の僧侶で、チベット大蔵経(だいぞうきょう)を求めて明治時代と大正時代の二度にわたってチベットに潜入し、『西蔵旅行記』を遺したことで世界的に有名である。

河口慧海の個人的名声に比べ、あまり知られていないのが真宗本願寺派（西本願寺）とチベットとの交流である。「大谷探検隊」で有名な大谷光瑞の弟、大谷尊由は一九〇八年(明治四十一年)、当時英国の侵攻を逃れてモンゴルに亡命中だったダライ・ラマ十三世を山西省五台山に訪ね、日本とチベットの提携を提言した。

ダライ・ラマ十三世が積極的に応じたため、大谷光瑞は弟子の青木文教をチベットとの交渉役に任命した。青木は一八八六年(明治十九年)、滋賀県に生まれ、京都仏教大学(現在の龍谷大学)で学んでいたとき、大谷光瑞に側近として抜擢された俊英である。

一九一〇年、チベットは清朝の侵攻を受け、ダライ・ラマ十三世は一転してかつての敵地英領インドのダージリンに亡命した。これを訪れた青木文教はダライ・ラマ十三世に日本とチベットの交換留学生を提案、翌年ツァワ・ティトゥルというチベットの高僧が従者を連れて来日し、京都の西本願寺に留学した。同寺の多田等観という若い僧侶が留学僧の接待にあたった。

ダライ・ラマ十三世が高僧を日本に派遣したのは、単に日本語を学ばせるためではなかった。多田は後年、次のように述懐している(多田等観、牧野文子編『チベット滞在記』白水社、一九八四年)。

このチベット人たちの来朝は、日本の仏教研究のためというよりも、何か外交交渉を目指していたようで、チベットの外交官のような意味合いを多分に持っているふしがあった。ツァワ・ティトゥーという人は、そういう才智にもたけた人物であった。

だが、日本政府の反応は鈍かった。チベットとの交渉役だった青木は、「当時十三世はこの関係を単に本願寺のみに止めめず、我が国政府にまで及ぼさんと試みたが、遺憾にしてその提案は我が当局によって拒否せられた」と明かしている。

一九一二年、ダライ・ラマ十三世のもとへ帰還する留学僧に、西本願寺の青木文教と多田等観がインドまで随行した。折しも辛亥革命で清朝が崩壊した好機をとらえ、ラサへの帰還を決意したダライ・ラマ十三世は、青木と多田にチベットへの同行をうながした。だが、インドを統治する英国当局がこれを認めなかったため、青木と多田は別行動を取り、それぞれ極秘裏にチベットに潜入した。

十九世紀、英露の「グレート・ゲーム」と日本

当時、英国は外国人のチベット入国を極度に警戒していた。日英同盟真っ盛りの時代だ

ったにもかかわらず、英国は同盟国日本に対してさえ、チベットと直接交流することを許さなかった。

だが、そもそも英国がチベットを勢力下に置くことができたのは日英同盟および日露戦争の賜物（たまもの）にほかならない。ロシアが日本と戦っている間隙（かんげき）を突いて、英国はチベットに軍事侵攻したのだ。

十九世紀は大英帝国と帝政ロシアがアジア大陸で「グレート・ゲーム」と呼ばれる勢力圏拡大競争を展開していた時代であった。エジプト、アラビア半島、ペルシャ（現在のイラン）、インド亜大陸（現在のインド、パキスタン、バングラデシュ、ネパール）、ビルマ（現在のミャンマー）からマレー半島にまで勢力を伸長させた英国と、中央アジアを制圧し、シベリア鉄道を開通させ、更なる南下を目論（もくろ）むロシアにとって、チベットはまさにグレート・ゲームの次なる標的だったのだ。

ロシアはドルジエフというブリヤート・モンゴル人のラマ僧をラサに派遣して親露化工作を展開し、チベットへ触手を伸ばした。これに対抗し、英国のヤングハズバンド大佐が率いる遠征隊がインドからチベットに侵攻、一時ラサを占領して英蔵通商条約を締結したのは一九〇四年、日露戦争のさなかだった。日本の猛攻にたじろいでいたロシアは英国のチベット侵攻を拱手傍観するほかなかった。

英国はチベットを植民地として領有したわけではないが、広大な英領インドに隣接するチベットを緩衝地帯化することに成功し、以後、北方からのロシアの脅威を永久に封じ込めることができた。チベットにおける橋頭堡を失ったロシアはその後、モンゴルへ矛先を集中するようになり、ソ連時代になってついに外モンゴルを衛星国化したわけである。

青木文教は「我々はチベット問題に関し、支英露三国の勢力の消長に、我が日本の行動がいかに重要なる影響を及ぼしたかを考察すると共に、過去において日英同盟が我が国に与えた真価についても再検討を試まねばならぬ」と指摘している（青木文教『秘密の国　西蔵遊記』中公文庫、一九九〇年。原著は内外出版、一九二〇年）。

青木文教
（中公文庫『秘密の国　西蔵遊記』より）

英国当局の監視をかいくぐってチベットへ潜入し、ダライ・ラマ十三世との再会を果たした青木は、ラサの貴族の邸宅に住み込みで、専属の家庭教師をつけられるという破格の厚遇で三年間、上流階級のチベット語を学んだ。

青木は後年、ラサ滞在中に「ある筋の秘密任務にも従事しておった」と書いている。だが、「わが国の当局者は徹頭徹尾、西蔵(チベット)に関係することを避けようとし、同国よりの交渉、依頼等に対しても回答すら与えない」という体たらくだったという。

当時の日本政府は同盟国英国を刺激することを恐れるあまり、ひたすらことなかれ主義に堕していたのであろう。それでも青木は、兵制の近代化に取り組むダライ・ラマ十三世の求めに応じて、日本から陸軍の教範操典類を取り寄せチベット語に翻訳してやるなど、仏教という自分の専門の枠を超えて、できる限りの協力をしている。

青木の誠意が通じたのか、日本側当局者の冷淡な対応にもかかわらず、チベット側の親日感情は変わらなかった。青木は「彼らが日蔵提携を計らんとする熱意の真剣さを見抜いた。筆者らの努力は結局水泡に帰したにも拘わらず、その時以来彼らの我が方に対する憧憬の念はいよいよ募るばかりであったことはやや意想外とする所である」と証言している。

その理由について青木は、日本との提携を梃にして、外モンゴルを介したソ連の影響力、すなわち共産主義思想の浸透を阻止しようとチベット側が考えていたからだ、と分析している。

日本とチベットは反共という価値観を共有し、ソ連の脅威に対する安全保障という地政学的な利害が一致することをチベット側は鋭く認識していたが、大正デモクラシー期の日本の当局者は、日英同盟をひたすら護持するばかりで思考停止していたわけである。

大東亜戦争中に極秘来日したチベット政府代表団

チベット潜入を果たしたもう一人の西本願寺の僧侶、多田等観は、ダライ・ラマ十三世の斡旋でラサ三大寺院の一つセラ寺に留学、滞在期間はなんと十年に及んだ。

当時は青木と多田に加えて二度目のチベット旅行中だった河口慧海と、チベット軍の軍事顧問に採用された矢島保治郎という異色の民間冒険家も含め、四人の日本人がラサに暮らしていた。

チベットの国旗である雪山獅子旗は、このとき青木文教と矢島保治郎がデザインを考案したと伝えられている。矢島はチベット女性と結婚して一人息子をもうけ、妻子を連れて日本に帰国した。だが、チベット人妻は日本の生活に馴染めず重度の胃潰瘍を患い二十九歳で早世、日蔵混血の一人息子は大東亜戦争中、ニューギニアで戦死し英霊となった。

一九一六年に帰国した青木文教は、招来したチベット大蔵経をめぐる河口慧海とのトラブルや、後ろ盾だった大谷光瑞の失脚事件などに巻き込まれ、長い不遇の時代を余儀なくされる。だが、大東亜戦争勃発の直前である一九四一年十一月に外務省調査局に嘱託として採用され、終戦までチベット工作を担当した。

外務省時代の青木の業績は外務省外交資料館に所蔵されているが、このうち「西蔵問題ト其ノ対策」（昭和十六年十二月二十七日付）、「西蔵政府代表訪日ノ成果ト西蔵問題ノ調査ニ関スル所見（西蔵代表招致報告）」（昭和十七年九月）、「西蔵問題」（昭和十八年一月）という三編の報告書が二〇〇九年二月に『西蔵問題　青木文教外交調書』として慧文社から刊行された。

このうち「西蔵政府代表訪日ノ成果ト西蔵問題ノ調査ニ関スル所見（西蔵代表招致報告）」は驚くべき資料である。大東亜戦争中の一九四二年、外務省はチベット工作の一環としてチベット政府代表団を極秘に日本へ招いていたのだ。チベット政府代表団と言ってもラサの法王庁ではなく、在北京チベット政府代表のジャサク・ケンポ（タンパダチャ・カンプ）の一行を招いたものである。

ジャサク・ケンポは一九三五年にラサから北京最大のチベット仏教寺院である雍和宮の

住持として派遣された人物である。盧溝橋事件以降、北京が日本の占領下に入ったあとも北京に留まって蔣介石政権との関係を絶ち、日本側に立った筋金入りの親日派だ。南京に汪兆銘政権が誕生すると、中華民国辺疆委員会の委員に任命されたほどの要人である。だが、チベット本土のダライ・ラマ法王庁との連絡は既に不可能な状態であった。

一行は六月十四日に北京を出発、二十日に東京に到着して約五週間滞在し、外務次官、参謀本部第二部長、文部大臣らと会見、七月三十日に北京に帰還した。

これは外務省と陸軍参謀本部の協議のもとに進められた工作だったが、外務省の委託を受けた真言宗が応対にあたり、表面上はあくまでも宗教上の私的使節として扱われたうえ、新聞報道も一切禁止された。このため、大東亜戦争のさなかにチベット政府の代表団が来日していたことは、今日に至るまでほとんど知られることのない外交上の秘史となっていた。

大正時代には英国に対する配慮からチベット問題に冷ややかだった外務省が、なぜ青木を採用し、チベット工作に目を向けるようになったのか。日英同盟は既に破棄され、いまや英国は、植民地ビルマから雲南省を通って四川省重慶に達するいわゆる「援蔣ルート」で日本の交戦相手である蔣介石政権を公然と支援する側に立つに至っていた。大東亜戦争の勃発後、ほどなくビルマが日本の勢力圏に入ったため、蒋介石はインドのダージリンからチベットに入り、ラサから東チベット（当時の西康省）を通って重慶に至る新たな援蒋ルートの開拓を焦った。

　しかしチベット政府は神聖な仏国土、とりわけ聖地ラサを汚す軍用道路の建設を重慶に認めなかった。中国側との道路の開通は、いずれチベット自身の安全保障を脅かすという懸念もあった。「抗日戦」を口実にして欧米の同情を買い、外国資本の力を借りて将来チベット侵略に役立つようにあえてラサを経由する軍用道路を建設しようとたくらむ蒋介石の魂胆をチベット政府は見抜いていた。チベットは親日感情からだけでなく、国益の観点からも日本との利害の一致を見いだしていたのだ。

　大東亜戦争中、チベットが援蒋ルートの建設を認めず、中国への協力を断固拒否したことを私たち日本人は忘れてはならないだろう。

　青木文教は戦後、ＧＨＱの民間情報教育局に勤務した。チベットに関する知識や語学を活かせる場はほかになかったであろう。その後、青木は東大文学部のチベット語講師に就任したが、一九五六年、病を得て亡くなった。

　大正時代に青木の世話で日本に留学した高僧ツァワ・ティトゥルは中国共産党の侵攻後

もチベット本土に残留した。だがツァワ・ティトゥルは文化大革命の悲劇を目撃することはなかった。一九五七年、毛沢東が発動した反右派闘争という政治動乱が吹き荒れるなか、ラサの路上で撲殺されてしまったからだ。

■東條英機の密命――「西北シナに潜入せよ」

大東亜戦争中、青木は外務省本省で情報分析を担当していたが、チベット現地へ潜入していた諜報員もいた。西川一三と木村肥佐生である。二人は内蒙古の厚和（現在のフフホト）にあったモンゴル工作要員の養成機関、興亜義塾の出身で、木村はその二期生、西川は三期生だった。

西川一三は一九一八年（大正七年）、山口県に生まれた。一九三六年、福岡の名門、修猷館中学を卒業後、大陸に雄飛して満鉄に入社、満洲や華北各地に勤務したが給与生活に飽き足らず、諜報員を志して興亜義塾に応募した。入塾以前に社会人経験があったため、塾生中の最年長であった。

最初の一年間はモンゴル語、北京語、ロシア語や現地の地理、歴史、政治経済などの学習と軍事訓練にいそしみ、その後さらに一年間、モンゴル人ラマ僧と起居をともにし、一モンゴル人になり切るべく、その風俗習慣を徹底的に叩き込んだ。

既に大東亜戦争に突入していた一九四三年、西川は張家口領事館の調査員という肩書で、東條英機首相の「西北シナに潜入し、シナ辺境民族の友となり、永住せよ」という密命を受ける。同年十月、西川は「モンゴル人ロブサン・サンボー」を名乗り、モンゴル人の一行に加わって青海省に向けて出発、以後、終戦をはさんだ八年間、アジア大陸各地を彷徨することとなる。

当時、内モンゴルは日本の勢力圏だったが、その西方に位置する寧夏省、甘粛省、青海省は敵地であり、中国国民党・中国共産党の漢人、モンゴル人、チベット人、ウイグル人などの各民族や、当時「東干人」と呼ばれた回民（中国ムスリム）などの諸勢力が割拠してしのぎを削る危険地帯であった。

西川がまず足を踏み入れたアラシャン地方（現在の内モンゴル自治区西部）は日本と交戦中の重慶政権の支配下にあり、青天白日旗が翩翻とひるがえっていた。万一日本人であることが発覚すれば命はない。この地で西川はミッドウェーとガダルカナルで日本軍が全滅したという伝単（宣伝ビラ）を見つけ、重慶政権が反日宣伝に狂奔しているのを目の当たりにする。

だが現地のモンゴル人たちは、ラマ僧にまで国民党への入党を迫る重慶側の圧迫に反感を抱いていた。むしろ日本軍のアラシャン進出を望む声が少なくないことに西川は勇気づけられる。あるモンゴル人ラマ僧が「厚和特務機関　金田某」の名刺を西川に示し、「とても好い人だった。俺は日本人が好きだ」と明言したという。

アラシャンの地で約十ヶ月諜報活動に従事したあと、西川は青海省を目指す。青海省はダライ・ラマ十四世生誕の地で、本来はアムド地方と呼ばれるれっきとしたチベットの領土であるが、当時は馬歩芳という回民軍閥の支配下にあった。西川は駱駝引きに身をやつし、青海省の省都、西寧にあるタール寺というチベット仏教の聖地に参詣する巡礼団に加わった。

西寧に向かう途上、西川はソ連からの援蔣ルートを目撃する。北方からドラム缶や兵器を満載したトラック隊が土煙を上げて姿を現し、航空機が甘粛省の省都蘭州方面へ爆音を上げつつ飛び去っていったという。

当時は日ソ中立条約が効力を持っていたはずだ。東郷茂徳外相や廣田弘毅元首相らは終戦間際までソ連の和平仲介を期待して駐日ソ連大使に翻弄されたが、一九四四年十月の時点でソ連は公然と蔣介石政権を支援していたのだ。

■帰還命令を無視した諜報員・西川一三の行動原理

大東亜戦争も末期に近い一九四五年一月、西寧で諜報活動にあたっていた西川のもとに「悲しい知らせ」が届く。それは帰還命令だった。

生命の危険に常時晒される敵地からの帰還命令が「悲しい」というのも不思議だが、そのときの心情を西川は「命を投げ捨てた熱情で燃えていた私には、引き揚げて行く気持などは、頭からならなかった」と書いている。

驚くべきことに、西川は帰還命令を聞かなかったことにして、さらに奥地へと潜入していくのである。その理由として西川は二つの理由を挙げている。

一つは「西北で永住できる自信があったため」という。「西北シナに潜入し、シナ辺境民族の友となり、永住せよ」という途方もない命令を本気で遂行するつもりだったのだ。「未知の国への憧れと冒険を想像しただけでも私の心は踊りその前には困苦とか死とかは余りにも小さいもので、ただ意気と希望だけが炎のように燃え盛っていた」と述懐している。

そしてもう一つの理由は、更に驚くべきものである。

インドに進出しようとしていた皇軍と、シナの背後を包囲する内蒙、西北シナ、チベット諸民族と手を握らせる大きなシナ包囲戦線を固めてみたいという、途方もない夢を描いていたからでもあったのだ。

これは西北民族の包囲網を以てシナを攻略するという一大政策であり、蒙古族、チベット族を友として漢民族を包囲する体制をつくり上げることこそシナ事変解決の鍵であったのである。

西川一三
（中公文庫『秘境西域八年の潜行』より）

この一文は、私の脳裏に天啓となって轟（とどろ）いた。西川一三の夢想は、二十一世紀の我が国の国運を切り開く鍵にもなり得るのではないか。そう直感したことこそ、私が本書の着想を得たきっかけにほかならない。

■ラサで聞いた「日本全滅」

一九四五年九月、西川はついにラサに到着する。既に大東亜戦争は終焉しており、西川もラサで「日本は〝アトムボムボ〟とかいう爆弾で全滅してしまったそうだ」という噂を耳にして愕然となった。

ラサに住む中国人たちが抗日戦争の勝利を祝って提灯行列をしていた。興味深いのはチベット人が中国人の行列に投石したという事実だ。「なぜ投石するのか」と西川がモンゴル人のふりをして尋ねると、チベット人たちは「同じ兄弟のようなアジアの一国が負けたからといって、何も喜び騒ぐ必要はないのだ」と投石した理由を説明してくれたという。

西川は、チベット人の心情を付度して「長年チベットを圧迫していたその支那が因果応報、日本に頭を叩かれていることに内心溜飲をさげ日本に好感を抱いていたのである。（中略）シナの奥には、シナ人以上に、我々日本人に近い民が我々に親近感をもっているのだ」と記している。

帰還命令を無視してまでチベット潜入を決行した西川だが、それも祖国の勝利を信じていればこそであり、祖国敗戦の報となれば別である。「心臓をえぐるこの不吉な噂を聞くたびに、私の体は火のように燃え、いても立ってもいられない焦燥と不安のどん底につき落とされた」と述懐している。

西川はチベットを脱出して英領インドのカルカッタに向かった。その地で、祖国の敗戦がまぎれもない事実であり、同地にはもはや一人の日本人も残留していないことを確認した西川は、なんと踵(きびす)を返してチベットに戻っていくのである。そして「モンゴル人」として行商で生計を立てていくことを決意するのだ。

それは決意というほどの大仰(おおぎょう)さは微塵(みじん)もなく、ごく自然ななりゆきとして淡々と記述されている。ここに西川一三の真骨頂がある。日本の敗戦を確認し、諜報員としての任務も無意味となったことを知ったあとも、祖国に帰ろうという気が起きず放浪し続けてしまう。使命感とは別の、何か意識下の衝動に突き動かされるように、モンゴル人を演じ続ける、というよりモンゴル人であり続けてしまうのである。

ヒマラヤ越えで足が凍傷に罹(かか)り、行商ができなくなった西川は乞食の群れに身を投じる。そこにも悲壮感や気負いは微塵もない。傷が癒(い)えると再びチベットに戻り、こんどはラマ僧として修行しようと考える。

西川は、ラサ三大寺院の一つデプン寺のなかのモンゴル出身者の僧坊に入門して僧侶としての修行を始める（西川はデプン寺を「レボン寺」と表記しているが、ここでは慣例に従う）。西川は周囲のモンゴル人ラマ僧たちから信用され、このままラサに腰を落ち着けてラマ僧としての生涯を送るかに見えた。だが西川は、やはり天性の漂泊の人であった。生来の放浪癖が蘇（よみがえ）った西川はチベットの地をあとにし、以後二度と戻ることはなかった。

ときは既に一九四七年十月、大英帝国は瓦解し、インド、パキスタンは独立を果たしていた。西川はインド、ネパール、アフガニスタンを目指して新たな旅路に出立した。折しも復興なった祖国から戦後初めて日本人商社員がカルカッタに着任したという報にも接したが、西川は振り向きもしなかった。

■日本人と見破った唯一の相手とは

インド放浪の途上、西川は初めて日本人だと見破られる。デリーに向かう列車のホームで、「コンニチハ」と日本語で話しかけられたのだ。相手は二十数名のインド軍将校団だった。モンゴル人巡礼姿に身をやつしていた西川はあくまでしらを切って逃げ切ろうとするが、インド人将校たちは微笑みながら「煙草を吸わないか」「ここへ坐りませんか」などと日本語で話しかけてくる。ついに気を許すと、彼らのあいだからは片言の日本語が

次々と飛び出し、その表情は旧知の友に出会ったように輝き、果ては「見よ、東海の空明けて……」と軍歌まで歌い出したという。彼らはインド国民軍の元将校たちだったのだ。インド国民軍と言われてもピンと来ないという人が少なくないだろう。

帝国海軍が真珠湾奇襲作戦を決行したその日、帝国陸軍はマレー半島上陸作戦を開始した。当時のマレー半島は英国の統治下にあり、インドから派遣された英印軍が駐屯していた。英印軍は司令官のみが英国人で、あとは将校以下すべてインド人であった。世界最強を誇った日本陸軍による破竹の進撃で、たちまち数万人のインド人将兵が捕虜となった。このとき、インド人捕虜を説得して目覚めさせ、英国の植民地支配に対する独立闘争に決起させる使命を担ったのが、陸軍参謀本部から派遣された藤原岩市少佐率いるF機関であった。

F機関員たちは丸腰のままインド人捕虜たちと起居をともにし、アジア人同士が戦うことの愚を諭し、白人帝国主義者をアジアから叩き出して「アジア人のアジア」を復興するという大アジア主義の大義を説き、共通の敵、英国と戦おうと必死で説得した。

あるとき、藤原少佐はインド人将兵たちと会食した。インド人たちと地べたに車座になり、インド人炊事兵が作ったカレーをインド式に手づかみで賞味した。これにインド人将兵たちは劇的に反応した。インド人将兵たちは、一度も英国人指揮官と食事をともにしたことはなかったのだ。白いテーブルクロスのかかったテーブルでナイフとフォークで西洋料理を食する英国人とのあいだには目に見えない人種差別の壁が厳然として存在していた。

これがきっかけとなり、F機関の説得に応ずる者が出始めた。こうしてインド人捕虜を母体に創設されたのがインド国民軍である。ガンジー、ネルーとともにインド独立運動の三巨頭の一人であったチャンドラ・ボースを最高司令官に迎えたインド国民軍は、「インド解放」を唱えながら日本軍とともにビルマからインドを目指した。これがかのインパール作戦である。しかし猛烈なスコールとマラリアの瘴気に阻まれ、食糧や弾薬の補給も途絶して作戦は悲惨な失敗に終わる。

チャンドラ・ボースは最後の一兵まで戦うと退却を拒否したが、日本軍に捲土重来を説得されて撤退を余儀なくされ、大東亜戦争終結直後に台北空港で飛行機事故により非業の最期を遂げた。その遺骨はいまも東京杉並の蓮光寺に安置されている。「チャンドラ・ボースは生きている」と信じるインドの人々が遺骨の引き取りを拒否しているからだ。

西川一三もインドで「チベットから巡礼に来たモンゴル人だ」と名乗ると、インド人たちから「ラマよ、お前はチベットから来たというが、チベットでスバス・チャンドラ・ボースを見なかったか？」「チャンドラ・ボースはチベットに隠れているのだ。彼はまだ生きているのだ」と語りかけられたという。

西川が日本人だと見破られたのは、内モンゴルを出発して以来、あとにもさきにもこのときだけだったという。モンゴル人のなかで暮らしても見破られないほどモンゴル人になり切った西川を、インド国民軍の将校たちはひとめで日本人だと見破ったのだ。日本人との絆がいかに深いものだったかがうかがえるではないか。それについては、インド国民軍の成立から終焉までを見届けた伊藤啓介氏の貴重なオーラル・ヒストリー『インド国民軍を支えた日本人たち』(明成社、二〇〇八年刊)を是非とも参照してほしい。

■GHQの出頭命令と、自ら遺した手記

インド各地を放浪していた西川一三は一九四九年十月、ついにインド官憲に逮捕され、日本に強制送還された。祖国の土を踏むに際して、西川は「なにかしら物悲しさを覚えずにはいられなかった。ほんとうに複雑な感慨であった」と記している。一九四三年十月に内モンゴルを出発して以来六年に及んだ西川の長い旅路は終わった。

一九五〇年六月に神戸に上陸し、祖国に帰還した西川を待っていたのはGHQからの出頭命令だった。西川は、もし外務省からチベット潜入に関して報告を求められれば、どんな危害が及ぼうと、たとえGHQの出頭命令を無視してでも報告しようと決意していた。ところが外務省職員はインド服姿で現れた西川に「何しに来た」と言わんばかりの冷淡な態度を示して、体よく西川を追い返した。西川はGHQによって市ヶ谷(いちがや)の復員局(旧陸軍省)の宿舎をあてがわれ、それからほぼ一年間、郵船ビルのオフィスに日参して調書を取られた。それは原稿用紙数千枚に達したという。

GHQから解放されると、西川は自らも手記を遺すべく、知人宅に居候しながら三年の

歳月をかけて三千枚の原稿を書き上げた。あまりの膨大さに多くの出版社が二の足を踏んだ。そしてようやく『秘境西域八年の潜行（上・中・下）』と題する分厚い三冊本（芙蓉書房、一九六七年。中公文庫、一九九〇年）として結実した。

この書をひもといた人は誰しも西川の驚異的な記憶力と描写力に圧倒されるに違いない。潜入中に遭遇した事件や、観察した現地の風俗習慣が迫真的な臨場感をもって活写されている。読み進むうちに、西川の旅をあたかも追体験したような気になる。旅行記としても第一級の名著である。

日本人によるチベット旅行記と言えば、なんといっても河口慧海のものが世界的に有名である。河口慧海の旅を西川一三のそれと決定的に分けるのはその合目的性である。慧海の旅には、チベット大蔵経を日本に招来するという明確な目標設定があった。その目的さえ達成すれば、もはやチベットに逗留（とうりゅう）する理由は存在しない。ただ一つの目的に向かってまっしぐらに突き進んでいく感がある。河口慧海の旅には強烈な意志の貫徹がある。

それに比べると西川の旅の本質は、本来の目的が消滅したあとも止めることができなかった、その無意識の衝動性にある。ここに私は大いに興味を惹（ひ）かれるのである。西川の旅行記を通読してみると、まさに天性の漂泊の人という感に打たれる。

西川の著作には、チベット人にとって耳障りの悪いことがたくさん書いてある。身の毛がよだつような記述もある。西川は淡々と書いているが、チベット人としては受け入れられない部分も多々あるだろう。

だが少なくとも西川の視線には、「チベット人は糞を喰う餓鬼とも謂うべきもので、まあ私の見た人種、私の聞いておる人種の中ではあれくらい汚穢な人間はないと思うです」と言い切ってしまう河口慧海のごとき、文明人が未開人を見下すような差別意識はない。

■諜報員の戦後

西川一三はいったん故郷に帰ったものの、一九五八年に岩手県水沢に移って化粧品の卸会社に就職。その後、一九六七年に盛岡の駅前で「姫髪」という店を開業し、美容院に洗髪剤などを卸す仕事に生涯従事した。

一九八一年、東京六本木の国際文化会館でチベット文化研究所が主催した西川一三の講演会があった。当時大学生だった私は憧れの人物にまみえる期待に胸を高鳴らせながら勇んで会場に赴いた。気合いを入れてメモを取ろうと構えたのだが、西川の話は飄々としてとらえどころがなく、結局私は一字もメモを取れなかった。

質疑応答のなかで、会場からの「もし機会があれば、もう一度チベットに行ってみたいですか」という質問に対して、西川の答えは「いいえ。まったく興味ありません」という思いがけないものだった。

このときの西川の素っ気ない言葉は、その場限りの放言ではなかったようだ。その七年後の一九八八年にTBSが「新世界紀行」という番組で「スゴイ日本人がいた！　遥かなる秘境西域六〇〇〇キロ大探検」と題して、西川の足跡を忠実にたどる四回連続の特集番組を制作したのだが、現地を取材したのはレポーターで、主役のはずの西川は現地を再訪しなかったばかりか、ついに一度もテレビの画面に登場しなかったのだ。

西川は二〇〇一年十二月に東京で開催された「私たちは、なぜチベットをめざしたか」というフォーラムにパネリストとして登壇した。

うかつにも私はこの催しがあることを知らなくて参加を逸した。悔やんでも悔やみ切れないが、幸いフォーラムの内容は充実した報告書にまとめられていて詳細を知ることができる（日本人チベット行百年記念フォーラム実行委員会編『チベットと日本の百年』新宿書房、二〇〇三年）。

それによると西川は、在日チベット人たちを前にして「チベット人は大嫌いです」「チベット人から学ぶことは一つもないです」といった放埓な発言を繰り返したようだ。その一方で、でんでん太鼓を叩きながら巡礼のご詠歌を歌ってみせ、至極ご満悦だったともいう。当時、西川は八十三歳。そのとき胸中に去来したのは、いったいどんな境地だったのだろうか。

『秘境西域八年の潜行』は西川が世に遺した唯一の著作だ。その後、西川が真情を吐露した文章があるのかどうか、寡聞にして知らない。ただ、西川が戦後の日本をどう見ていたか、それをうかがわせる記述は既に『秘境西域八年の潜行』のなかにある。

敗れた祖国日本は本当に戦いに敗れたのだろうか。たとえ目的、手段が正当でなかったという非難は非難としても、インド、ビルマ、シンガポール、タイ、インドネシア、フィリッピン、朝鮮の独立という事実は、日本の大東亜戦争における戦果であるといっても過言ではあるまい。その日本が反対に、米国の植民地となりつつあるということは、アジアの同志をどれほど悲しませていることであろうか。

高校時代に芙蓉書房版の『秘境西域八年の潜行』を読んで衝撃を受けた私は、十代から三十代にかけて中国、チベット、インド、ネパール、東南アジア、中央アジア、イラン、トルコ、エジプト、シリア、アラビア半島などを旅して回り、四十歳のとき『なんじ自身のために泣け』（河出書房新社、二〇〇二年）という旅の手記を出版してデビューした。旅人としても、物書きとしても、私は西川一三の申し子である。

二〇〇八年二月七日。天性の漂泊の人、西川一三は人知れずその生涯を終えた。

■チベットに潜入した日本人諜報員は、なぜモンゴル人に偽装したのか

戦前、チベットに潜入した日本の諜報員は西川一三、木村肥佐生など、全員モンゴル人になりすましていた。なぜモンゴル人だったのか。理由は二つある。

モンゴルとチベットは民族も言語も異にするが、宗教を同じくする。モンゴルというと剽悍（ひょうかん）な遊牧民族のイメージが強いが、実は古くからチベット文化圏に属する敬虔（けいけん）な仏教国だったのだ。それはモンゴルがあの大帝国を築いた時代にまでさかのぼる。

チンギス・ハーンの孫で、元朝（げんちょう）を開いたフビライ・ハーンはチベットの高僧パクパ（尊聖の意）を国師として処遇し、自らもチベット仏教に帰依（きえ）した。そしてパクパにチベットの統治権を与えた。これがモンゴルとチベットとの深い絆の始まりである。

一五七八年、トムト・モンゴルのアルタン・ハーンはラサのデプン寺の第三代活仏ソナム・ギャツォを招聘し、「ダライ・ラマ」の称号を与えた。これがダライ・ラマ三世であり、「ダライ」とはもともとはチベット語ではなく、「大海」という意味のモンゴル語だったのだ。そしてその転生者であるダライ・ラマ四世はアルタン・ハーンの孫、つまりモンゴル人であった。

一六四二年、オイラート・モンゴルのグシ・ハーンはダライ・ラマ五世をチベットの法王として正式に承認した。これがガンデン・ポタンと呼ばれるダライ・ラマ法王庁の成立とされており、その三百六十周年を祝う式典が二〇〇二年にダラムサラで挙行されたことは既に触れた。ちなみに三百六十という数字は、六十年で還暦となる十干十二支の六巡に相当し、チベットの「時輪タントラ」という暦法上では極めて神聖な周期とされる。

このように、チベットとモンゴルのあいだには切っても切れない深い歴史的関係が存在する。それを反映して、戦前までは昭和の時代にも数千人単位のモンゴル人ラマ僧がチベットに留学していた。

西川一三が修行したラサ三大寺院の一つデプン寺は、出身地別に四つの学堂に分かれており、モンゴル人はゴマン学堂という僧房に集められた。ゴマン学堂は総勢約四千人のモンゴル人ラマ僧を擁していたというから驚いてしまう。こうした僧房の運営経費はそれぞれの出身地からの浄財に依拠していた。チベットとモンゴルの二国間関係は、しばしば菩提寺と施主の関係に比喩される。

西川が興亜義塾で半年間モンゴル語などを学んだあと、更に徹底してモンゴル人になり切るために一年間モンゴル人ラマ僧と起居をともにしたのも、内モンゴルにあったサッチン廟というチベット仏教の僧院だった。そこではモンゴル人の生活習慣とチベット仏教のしきたりの両方を居ながらにして学ぶことができたのである。

■モンゴルと満洲と

チベットに潜入した日本の諜報員がモンゴル人に偽装したもう一つの理由は、満洲をめぐる国策と無縁ではない。戦前よく使われた「満蒙」という言葉に表されているように、モンゴルについて考えるとき、満洲の問題は避けて通ることができない。

中央ユーラシア史の専門家、宮脇淳子氏の『世界史のなかの満洲帝国』（PHP新書、二〇〇六年）によれば、満洲は歴史的に漢人王朝の領土ではなく、トゥングース語系のジュシェン（女真、女直）人の地だった。そもそも満洲は地名ではなく民族名で、清朝の太宗ホンタイジがジュシェンという呼称を禁止してマンジュ（満洲）と呼ぶよう命じたという。

満洲の地は清朝にとって祖宗発祥の神聖な故地ゆえに、漢人の入域は封禁されていた。だが清朝崩壊後、漢人が大量に入植して急激に漢化が進行してしまい、満洲人の独自の言語や文化はすっかり衰頽してしまった。ひとたび「穢れ」を浴びた祖宗の地は二度ともとには戻らないということだ。

満洲で特に多かったのは山東省から移民してきた漢人だった。地図を見ると一目瞭然だが、遼東半島と山東半島は渤海と黄海のあいだに突き刺さるようにして向かいあっている。山東半島北岸の芝罘（現在は烟台市）や威海衛（現在は威海市）から「アカシアの」大連までは渤海海峡をはさんで指呼の間だ。逆に中国本土から陸路で満洲に入ろうとしても万里の長城と、緑林を疾駆する馬賊によって阻まれてしまう。海路の方がはるかにたやすい。

ちなみに私は長年、なぜ北京を日本語でペキンと読むのか不思議だった。北京語に「キ」という音はない。北京は「べィチン」、南京は「ナンチン」と発音する。だが、邦銀の北京駐在員をしていたとき山東省の烟台と威海に出張する機会があり、現地人が話す北

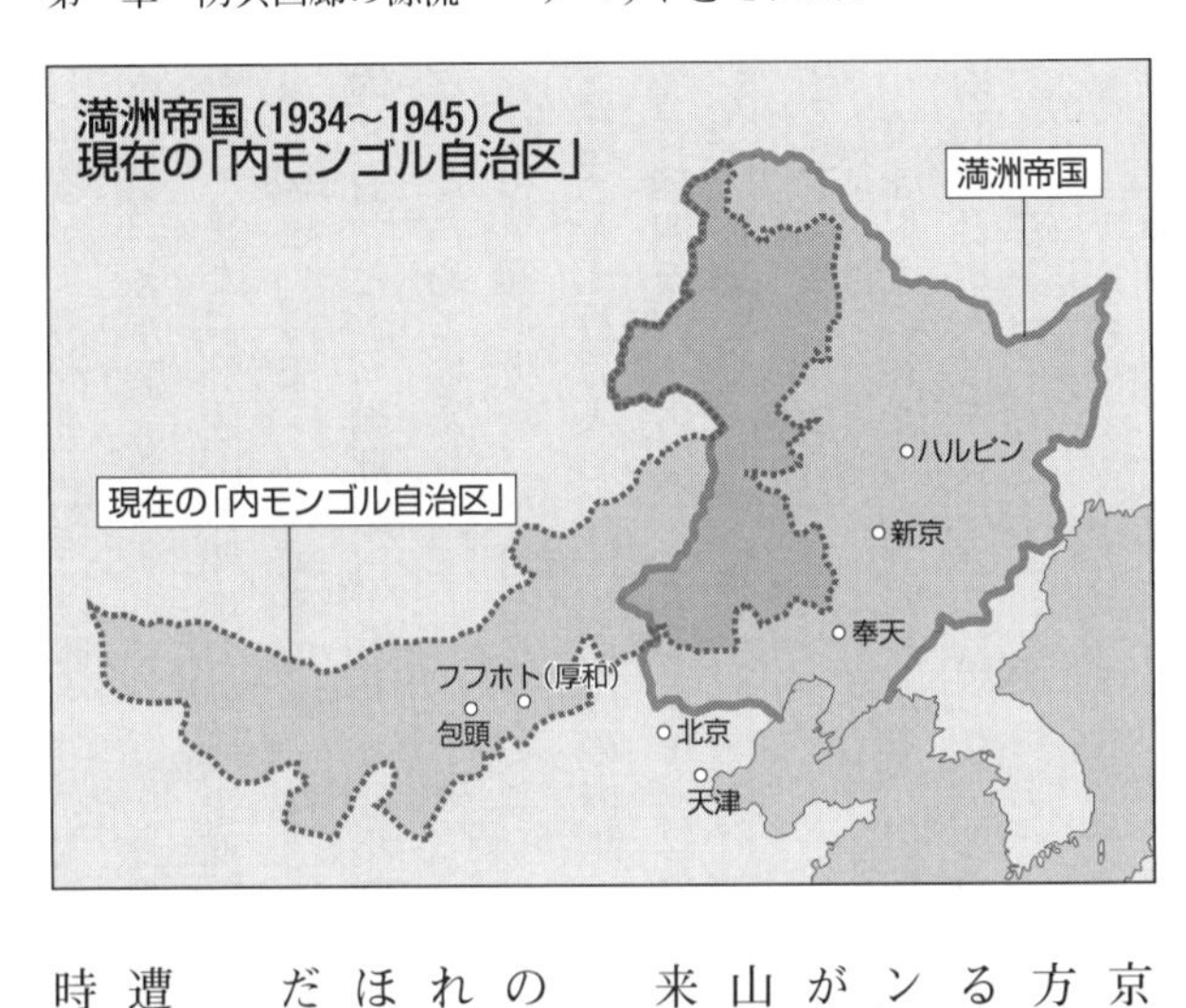

京語を聞いて驚いた。北京語のチの音が、山東方言では非常に特徴のある強い「キ」の音になるのだ。それゆえ山東人は北京を「ベィキン」、南京を「ナンキン」と発音する。日本人が北京を「ペキン」と読むようになったのは、山東省出身の漢人が多い満洲での生活体験から来るのではないか。

ことほどさように、満洲で日本人が出会ったのは膨大な数の漢人入植者と、それに圧倒され、陰に隠れるようにひそやかな存在となり、ほとんど漢人化してしまった満洲人だったのだ。当時はこれらを併せて「満人」と呼んだ。

だが日本人は満洲の地で更に別の他者集団と遭遇した。それはモンゴル人である。満洲帝国時代の行政区画図を現在のものと比べてみるとわかるが、満洲帝国のほぼ西半分が現在「内モンゴル自治区」になっている。そこは元来ホロンバイル盟（興安北省）、ジェリム盟（興安南省）と呼ばれるモンゴル人の土地だったのだ。また満洲建国の翌年の熱河作戦で組み込まれた熱河省も元来はジョーオダ盟とジョソト盟というモンゴル地帯であった。当時はこれらの満洲領内のモンゴル人領域を「東部内蒙古」とか「満洲蒙古」などと呼んだ。それは満洲国の面積の三分の一を超える広大な部分を占めていた。

　昭和十五年版の『満洲年鑑』によると、満洲国建国から五年経った一九三七年の総人口は約三千七百万人で、民族構成の内訳は、漢人が八十一％で約三千万人弱、満洲人が十二％で約四百四十万人、モンゴル人は比率では三％に過ぎないものの実数では百万人に近く、四十二万人いた日本人の二倍以上の数にのぼった。モンゴル人は日本人にとって極めて身近な存在となったのだ。

　文永弘安の役から約六百五十年。思いがけずモンゴル人を「統治」する立場となり、平均的な日本人はあまり馴染みのないこの民族について急いで理解する必要に迫られた。

■満洲国建国の源流——満蒙独立運動

だが、近代日本とモンゴルとの関わりは、実は明治時代にさかのぼる。そのきっかけは川島浪速（かわしまなにわ）という一民間人の人脈から偶然生まれたものだった。

川島は大陸浪人の典型とも言うべき人物で、語学と度胸だけを武器に徒手空拳（としゅくうけん）で大陸に渡り、日清戦争と義和団（ぎわだん）事件のとき陸軍の通訳官となった。そして各界に人脈を広げ、清朝の王族、粛親（しゅくしん）王と出会って意気投合、義兄弟の契り（ちぎ）を交わすまでに至る。粛親王の妹が内モンゴルのカラチン王に嫁いでいたという縁が、川島をモンゴルと結びつけることになった。

（「内モンゴル」「外モンゴル」という表記はあくまでも中国側から見た地理的概念に基づいている。そこでモンゴルの主体性を尊重する立場から、「内モンゴル」は「南モンゴル」と表記すべきだという主張もある。

筋論としては大賛成だが、困るのは「外モンゴル」をなんと呼ぶべきかである。なぜならモンゴルはロシアと中国という二つの大国のはざまにあって、二つではなく三つに分断されており、「三蒙統一」を希求しているモンゴル人もいるからだ。最北に位置するロシア連邦領内のブリヤート共和国を「北モンゴル」とすると、モンゴル国は「中央モンゴル」と呼ばなければならなくなるが、この用法は人口に膾炙しているとは言い難い。混乱を避けるため本書ではこれ以上深入りせず、留保をつけた上で「内モンゴル」「外モンゴル」を慣用句として使用することとしたい。）

一九一一年十月、辛亥革命で清朝が崩壊すると、わずか二ヶ月後の十二月一日、外モンゴルは独立を宣言、ジェプツンダンバ・ホトクト八世が国家元首に推戴されてボグド・ハーンを称号とし、ここに新たな君主制国家が誕生した。

ジェプツンダンバ・ホトクトはチベット仏教の活仏で、十七世紀以来、歴代にわたってハルハとオイラートを中心とする外モンゴルの宗教上の指導者であった。

外モンゴルの動きに刺激され、内モンゴルでも独立の機運が高まる。川島浪速は清朝崩壊の際、粛親王を北京から脱出させて満洲における日本の租借地旅順に匿う一方、カラチン王クンサンノルブに日本の政府と軍部から引き出した資金と武器を援助して、内モンゴルに親日国家を樹立する計画を立案し、外務省と陸軍参謀本部の承認を取りつけた。

しかしこの計画を潰したのは日英同盟を結んでいた英国だった。清朝崩壊に乗じて日本が大陸で一挙に勢力を拡大することを懸念した英国大使マクドナルドから圧力を受けた内田康哉外務大臣は計画中止を指示した。これがいわゆる第一次満蒙独立運動である。

川島浪速は一九一四年に「対支管見」と題する意見書をまとめた。それは満蒙を中国から分離独立させて日本の保護国とするという、まさに石原莞爾の満洲領有論を先取りする構想だった。川島は生まれるのが少しばかり早過ぎたのだ。

一方、独立を宣言した外モンゴルは、一九一三年一月にチベットとのあいだで相互承認に踏み切ったが、ロシアと中国という大国同士の談合の結果、外モンゴルは中国の宗主権のもとでの自治国、内モンゴルは中国領とするキャフタ条約が一九一五年六月に締結される。

これに反発して内モンゴルで再び中国からの独立を求める動きが起きる。パプチャップというモンゴル人指導者の部下が密かに来日して救援を求めてきた。パプチャップは日露戦役のときに満洲義軍として日本軍に協力したモンゴル人馬賊の頭目で、川島浪速とも旧知の仲であった。

川島は再び支援に奔走、内モンゴルでの挙兵にこぎつけたものの、一九一六年、中国の支配者、袁世凱が急死する一方、パプチャップが張作霖軍との戦闘中に流れ弾にあたって死亡してしまい、第二次満蒙独立運動もあえなく失敗に終わる。

だが、川島浪速の満蒙独立構想は、十六年後の一九三二年三月に満洲国として実現する。その直前、粛親王は建国を見ることなく、旅順で川島に看取られながら亡くなった。

粛親王の遺児、金璧輝は川島浪速に養女として引き取られて川島芳子となり、昭和の時代に上海や満洲で諜報員として活躍し、「男装の麗人」「東洋のマタハリ」などと社交界でもてはやされる存在となったが、日本の敗戦後、中国国民党に「漢奸」（対日協力者）として処刑された。その波乱の生涯を扱った評伝、小説、戯曲の類いは枚挙にいとまがない。

川島浪速は満洲帝国の崩壊を見届け、一九四九年に八十五歳で亡くなった。文字通り、満蒙に殉じた生涯であった。

■満洲事変の背景にあった「防共」

満洲事変に続く満洲国の建国は、日本の国内要因を中心に説明されることが多い。一九二八年六月、満洲軍閥、張作霖が関東軍によって鉄道爆破事件で暗殺されると、後を継いだ張学良は易幟（蔣介石支持）を表明、満洲の地に中国国民党の青天白日旗が翩翻とひるがえった。

そして張学良は「国権回復運動」に乗り出し、満洲各地で日本の権益を脅かす行動に出る。日貨排斥、反日宣伝が繰り広げられ、土地貸借をめぐる日満の紛争が続発し、日本人居留民の村落が匪族に襲撃されるなど治安が急速に悪化した。

南満洲鉄道とその附属地は、ポーツマス条約以降の一連の国際条約によって合法的に承認された日本の権益であった。国際信義を反古にして排日行為を繰り返す張学良の対応に、現地の邦人居留民から「満洲は十万の生霊、二十億の国帑で購われた我が権益」「満蒙問題の解決には武力行使もやむなし」の声が沸き起こり、それはマスコミを通して国内世論にも飛び火した。

折しも日本は東北地方を襲った大凶作や世界恐慌の余波による未曾有の大不況に見舞われ、農村では娘の身売り話、都市では「大学は出たけれど」といった失業者の群れがあふれるという不穏な社会状況であった。

ゆえに、「軍部は満洲こそ日本の生命線であると唱え、生活苦にあえぐ国民の目を大陸に向けさせようとした」、要するに「侵略戦争で満洲の豊富な土地と資源を手中に収めて国内問題を解決しようとした」「内憂のためにあえて外患を作り出した」といった類いの紋切り型の解釈が、現在の歴史教科書の標準的な記述となっている。

だが、そうした日本の国内事情だけが満洲事変の背景だったわけではない。当時の国際情勢を見渡せば、日本の安全保障の根幹に関わる、より重大な事態が生じていたことに注目せざるを得ない。それは外モンゴルの共産化である。

一九一七年、ロシア革命を経て誕生したソビエト政府は、早くも二年後の一九一九年にコミンテルン（第三インターナショナル）を結成し、世界革命に乗り出した。一九二一年、外モンゴルの首都フレーにコミンテルン代表が送り込まれてモンゴル革命が引き起こされ、初代元首ボグド・ハーンは軟禁状態に置かれた。

一九二四年にボグド・ハーンが崩御すると、モンゴル人民党はモンゴル人民共和国の成立を宣言し、首都フレーをウランバートル（モンゴル語で「赤い英雄」の意）と改称した。人民政府は君主制を廃止すると同時に、八代二百七十年も続いてきた活仏制度をも廃絶して、ジェプツンダンバ・ホトクト八世の輪廻転生を認めなかった。更にラマ僧の特権を剝奪し、寺院の財産を没収し、出家に許可制を導入するなど過激な宗教弾圧政策を展開した。

そしてソ連のゲーペーウーを手本とした内務省が設立され、初代内務大臣に就任したチョイバルサンは多くの政治家、僧侶、知識人を処刑して独裁者となり、一九五二年に死亡するまでの十三年間、スターリン顔負けの恐怖政治を敷いた。

■「外モンゴル共産化」という安全保障上の脅威

世界革命を目論むコミンテルンの策謀によって引き起こされた外モンゴルの共産化は、東アジアの勢力均衡を大きく崩したばかりではない。外モンゴルに隣接する満洲にもし共産主義が浸透すれば、それは必ずや満洲の接壌地である朝鮮に波及する。朝鮮が共産化すれば、ソ連の影響力は直ちに日本の本土にまで及ぶことになる。そうした安全保障上の重大な脅威が迫っていたことを忘れてはならない。

吉野作造(よしのさくぞう)賞を受賞し、いまや満洲国研究の古典となった山室信一(やまむろしんいち)氏の『キメラ　満洲国の肖像』(中公新書、一九九三年)は、外モンゴルとの関連については言及していないものの、満洲国には「ソ連による赤化防止の前線基地」という役割もあったという見解に立っている。

一九三一年九月十八日、柳条湖(りゅうじょうこ)で満洲事変が勃発、関東軍はまたたくまに満洲全土を制圧した。計画を主導したのは関東軍高級参謀、板垣征四郎(いたがきせいしろう)大佐と作戦主任参謀、石原莞爾中佐である。ウィーン国立歌劇場の音楽監督にまで上りつめた世界的指揮者、小澤征爾(おざわせいじ)の名前が板垣征四郎と石原莞爾から一字ずつ取って名づけられたことはよく知られている。小澤征爾の父、開作(かいさく)については第二章で再び触れることになろう。

翌一九三二年三月一日、清朝最後の皇帝、愛新覚羅溥儀を執政とする満洲国が建国され、二年後には帝政に移行して満洲帝国を国号となし、執政溥儀は登極して康徳と改元した。国旗として布告された五色旗は満・漢・蒙・日・鮮の五族協和という新国家の理念を表象していた。

五族のなかでもとりわけモンゴル人に対しては特別な配慮が払われた。かつてホロンバイルと呼ばれた興安北省は「蒙古特殊行政地域」に指定され、漢人の入植が禁止され、チベット仏教の信仰が保護されたほか、多くのモンゴル人が官吏として積極的に登用された。

満洲国のモンゴル人政策について、モンゴル学の専門家、田中克彦氏は『ノモンハン戦争　モンゴルと満洲国』（岩波新書、二〇〇九年）で「民族問題にうとい日本が国外で行った民族政策の中ではかなりできのいい方策だった」と評価している。

田中氏は「満洲国は日本の傀儡国家だった」とする立場だが、モンゴル人民共和国もソ連の傀儡国家だったという点では同罪で、しかも独裁政権の圧政に苦しむ外モンゴルのモンゴル人から見れば、満洲国内のモンゴル人たちの境遇はまだましどころか、文字通りの「王道楽土」に見えたはずだと指摘している。

日本はなぜこれほどモンゴル人に気を使ったのか。五族のなかにモンゴルが含まれているのは実に意味深長だ。満洲をおさえただけでは外モンゴルからの赤化の浸透を阻止することはできない。ソ連共産勢力の南下を遮断するには、どうしても外モンゴルに連なる内モンゴルを日本の勢力圏に組み込む必要があった。

満蒙史の専門家、森久男氏が近年の研究を集大成した『日本陸軍と内蒙工作』（講談社、二〇〇九年）を発表した。森氏は、日本陸軍の大陸政策を「侵略の野望と領土拡張欲の自己展開」と決めつけるのではなく、陸軍の内在的論理を考察し、「中国侵略計画のようにみえる種々の施策は、いずれも対ソ防衛体制を構築するための手段として位置づけられている」という事実を歪曲することなく直視するという研究姿勢を貫いている。本書もそれを全面的に支持する立場である。

■松室孝良大佐の「蒙古国」独立構想

一九三三年一月、関東軍は陸軍きってのモンゴル通といわれた松室孝良大佐を内地の連隊から呼び寄せて関東軍司令部付とし、熱河省の承徳特務機関長に任命した。

松室孝良は一八八六年（明治十九年）京都に生まれた。陸軍士官学校（十九期）、陸軍大学校を卒業した後、支那研究生として張家口を拠点に二年間、内モンゴルや西北各地を視察し、西の果ては甘粛省涼州（現在の武威市）にまで到達したという。涼州は敦煌に至る河西回廊の入り口にあたるシルクロードのオアシス都市で、「葡萄美酒夜光杯」で有名な王翰の「涼州詞」の歌枕である。

松室は当時、綏遠（後の厚和、現在のフフホト）を支配していた回民軍閥の馬福祥と意気投合し、息子たちの指南役を頼まれた。そして馬福祥の紹介で直隷派の軍閥、クリスチャン・ジェネラルと呼ばれた馮玉祥の知遇を得て軍事顧問となった。馮玉祥が呉佩孚率いる直隷派から、日本が梃入れしていた張作霖率いる奉天派に寝返ったことで有名な第二次奉直戦争のときのクーデター工作にも参画した。

また、あるとき松室は偵察飛行中に搭乗機が原野に不時着し、土匪に捕縛されてしまったものの、逆に土匪を感化して帰順させてしまったなどという武勇伝もある。よくいる大言壮語型の軍人かというと、あとで見るように壮大な構想力と緻密な企画力も兼ね備えており、数々の逸話に彩られた破天荒な人物だったようだ。

当時、関東軍は満洲帝国の四周を睨み、土肥原賢二少将率いるハルピン特務機関がシベリアでの諜報活動、板垣征四郎少将率いる奉天特務機関が華北分治工作、そしてこの松室孝良大佐率いる承徳特務機関が内蒙工作を展開するという三正面作戦を構えたのである。
着任して九ヶ月後の一九三三年十月、松室は「騎兵大佐松室孝良」の名で「蒙古国建設に関する意見」を起案し、出張先の内モンゴルのドロンノール（漢語名「多倫」）から、満洲の関東軍司令部に送付した。

それは、驚愕すべき内容だった。満洲帝国の姉妹国として、内モンゴル全域を領土とし、チベット仏教を国教とする独立国家「蒙古国」を樹立せよ、という提案だったのだ。

松室は、モンゴル人の漢人に対する民族的反感は予想以上で、今や満洲国の創建を見て、「支那より分離して蒙古独立を策せんとする機運勃然として興り、帝国の助力を希う叫びは全内蒙古に横溢しつつある現状なれば、帝国の後援により蒙古独立の完成は容易」であり、外モンゴルがソ連の後方支援によって独立したごとく、内モンゴルも日本及び満洲国の援助によって、中華民国から離脱して独立を企図せんとするのはごく自然の勢いであると説く。

松室は翌一九三四年二月付で「満洲国隣接地方占領地統治案」を起案している。これには統治方針に始まって、政治機構、行政区域、治安維持方法、警備軍の編成、兵力、補給、財政経済の安定策、産業の統制及び開発方法、交通、通信、航空路の設置案、教育に関する施策、衛生医療の方法、諜報の施設及び謀略の施策、宣伝及び懐柔の方策、宗教の保護及び利用方法に至るまで、より具体的な施策を立案している。

これは松室の個人的な意見書である。これだけ広範な分野を一人で網羅して起案しているところがやはり尋常ではない。

巻末には、モンゴル人を懐柔するうえでの注意事項として、

面識浅きうちは決して真実を語らず　故に当初は知人の紹介を得ることは蒙古人に近接する要件なり

諧謔及び滑稽を好み、奇談、珍談、妖怪談を好んで聞く　故に談話動作にユーモアを含ましむる必要あるも軽卒を慎むを要す

時間的観念乏し　故に急がざるを要す

などと列挙しており、陸軍きっての蒙古通といわれた松室の面目躍如といったところか。

■「大亜細亜政策を容易にす」――日本を中心とする「環状連盟」とは

だが驚くのはそれだけではない。「蒙古国の建設は帝国の大亜細亜政策を容易にす」と

して次のように主張する。

モンゴル国家の成立は、甘粛省、東トルキスタン（新疆）などのイスラーム系民族の奮起を促して必然的に「回教国」の建設機運をもたらし、またチベットにもモンゴル国家を通じて日本との提携機運を助成し、ここに中国本土の外側をめぐって、日本を中心とする満洲国、モンゴル、回教国、チベットの環状連盟を形成し、中国をして日本と提携せざるを得ない状況に導く。更にこの環状連盟が、外モンゴル、中央アジア、ペルシャ、インド、インドシナに与える政治的影響は絶大であり、ついには全アジア民族の奮起を促し、アジア復興を達成し得ること夢想に非ざるべし……云々。

西川一三が言っていた、「蒙古族、チベット族を友として漢民族を包囲する体制をつくり上げる」という例の構想は、西川個人の思いつきではなかったのだ。陸軍きってのモンゴル通であると同時に、回民軍閥、馬福祥一族との交際を通じてイスラーム通でもあった松室以外のなんぴとも、このような気宇壮大な構想を描くことはできなかったのではないか。

この意見書を提出するやいなや、松室は満洲北部のチチハル特務機関長に左遷されてしまう。十月二十三日まで出張先である内モンゴルのドロンノールに滞在する予定だったのに、帰還を待たずに十月十九日付で転任辞令が出ている。

いくらなんでも発令が急過ぎると思うが、意見書という文書にまとめる以前に、松室の「蒙古国」構想は様々な場面で表明され、司令部内を震撼させていたのであろう。松室の構想は、独断専行の代名詞とまで言われた関東軍においてさえ、あまりにも過激で受け容れられるところとはならなかった。松室自身それをわきまえていたことは「夢想に非ざるべし」という表現に滲(にじ)み出ている。

だが、松室の奇想天外な構想は、歳月をかけて関東軍内部に浸透していき、「蒙古国建設に関する意見」から二年あまりを経た一九三六年一月、関東軍参謀部による「対蒙(西北)施策要領」(極秘関参謀第九号)として機関決定されるに至る。

これは関東軍が工作の対象を内モンゴルから外モンゴル、東トルキスタン、青海省、チベット、つまり西北全域に拡大することを初めて明確に打ち出した文書として重要である。

そのための施策として交通網の開拓が挙げられ、まず綏遠、包頭(パオトウ)など内モンゴル各地と寧夏省に航空路を確保し、これを更に青海省、東トルキスタン、外モンゴルに延伸すること。鉄道については北京・フフホト間を繋(つな)ぐ平綏(へいすい)線を甘粛省の蘭州、チベット、東トルキスタン、外モンゴルのウランバートルへ敷設して、対ソ工作上の幹線を築くとしている。また、これらの地域に特務機関のネットワークを張りめぐらせる方針も打ち出されている。

■モンゴル自治運動の指導者、徳王（とくおう）

松室孝良が分離独立を構想していた頃の内モンゴルは、南京国民政府によって東西に分割され、東部が察哈爾（チャハル）省（チャハル盟とシリンゴル盟）、西部が綏遠省（ウランチャブ盟、バインダラ盟、イクジョウ盟）と中国式の省制が導入され、察哈爾省は宋哲元（そうてつげん）、綏遠省は傅作義（ふさくぎ）という国民党系の漢人軍閥に支配されていた。

そのなかで台頭してきたモンゴル自治運動の指導者が徳王、ドムチュクドンロプ王である（本書は基本的に人名、地名についてはできるだけ民族名をカタカナ表記するが、徳王については慣例に従い漢語の略称で表記する）。

徳王ことドムチュクドンロプ王
（岩波書店『徳王自伝』より）

徳王は一九〇二年生まれ、六歳のとき父王の死に見舞われ爵位を継承、十八歳でシリンゴル盟の西スニト旗の札薩克（旗長）として施政を執り始め、二十三歳でシリンゴル盟の副盟長に就任するなど若くして豊富な政治経験を蓄積していた。

　ちなみに盟（モンゴル語では「アイマク」）、旗（「ホショー」）とは清朝が導入したモンゴル独特の地方区分で、各旗に世襲の王公がおり、いくつかの旗を統括して盟が形成され、諸王の中から盟長、副盟長が推輓される仕組みになっていた。

　その人となりを知る日本人たちの手記によれば、徳王は我が儘で尊大なところもあったが悠揚迫らぬ風格をそなえ、凡庸な者が多かった内モンゴルの王公のなかで、能力、胆力ともに傑出した存在であったという。徳王はチンギス・ハーンの末裔という名門の出身とはいえ、年齢も若く、諸王のなかでの序列が高かったわけでもないが、自らの政治手腕で台頭してきたのである。

　徹底した伝統主義者で、清朝時代の弁髪、モンゴル服というスタイルに固執し、筋金入りの民族主義者であった。だが、その一方で冷徹なリアリストでもあった徳王は、内モンゴル独立の機はまだ熟していないと見定め、初めは中国支配下での高度な自治を模索した。そして諸王を糾合して百霊廟蒙政会という自治組織をまとめ上げた。

その一方で、蒋介石と自治交渉を繰り返していたが一向に誠意ある対応は引き出せず、むしろあるとき国民党の特務機関によって腹心を殺害されるに及んで中国を頼ることに見切りをつける。関東軍の松室孝良から接触を受けた徳王は、日本との提携を真剣に考えるようになっていた。

関東軍は一九三五年六月に締結された土肥原・秦徳純協定によって察哈爾省での行動の自由を獲得すると、チャハル盟のドロンノール、シリンゴル盟の西ウジュムチン旗、アパガ旗、西スニト旗に次々と特務機関を設立し、蒙古浪人の長老、盛島角房を送り込んで諜報活動を展開する一方、徳王に小型旅客機を贈呈するなどして懐柔工作につとめた。

そして一九三五年九月、関東軍参謀副長の板垣征四郎少将が自らシリンゴル盟の西ウジュムチン旗に飛来して、ゲルと呼ばれるモンゴル式の大テントで徳王と会見、日本と内モンゴルとの提携を正式に提案した。徳王はこれを受諾し、中国支配下での自治の模索から、日本の援助による中国からの分離独立、モンゴル人国家の樹立を目指す方向へと方針を大転換した。同年十一月、徳王は満洲帝国に招かれ首都新京を訪問、武器と資金の援助を得て内モンゴルに戻り、翌年二月に西スニト旗で蒙古軍総司令部を設立し、自ら総司令に就任した。

関東軍は、国民党がまだ実効支配していた内モンゴル西部にも特務機関のネットワークを密かに広げ始め、一九三六年三月に察哈爾省の西に隣接する綏遠省の百霊廟、同年六月には更に西の寧夏省のアラシャン左旗（漢語名「定遠営」）に特務機関を設置することに成功した。

関東軍はその更に西方のオチナ旗を目指して先遣隊を派遣した。オチナ旗はチンギス・ハーンに滅ぼされた西夏王国のカラ・ホト（黒水城）遺跡の近くで、現在の内モンゴル自治区の最西端に位置している。オチナ旗に到達した先遣隊のうち何人かの諜報員は更にその西方の東トルキスタンを目指したが、手前の甘粛省内で中国官憲に見つかり強制退去させられている。関東軍は西へ西へと必死に触手を伸ばそうとしていた。

■インド人諜報員、コード名「満洲国ナイル」

このときオチナ旗にナイルというインド人が現れた。A・M・ナイルは南インドに生まれ、戦前京都帝国大学に留学したインド独立運動家である。ナイルの回想録『知られざるインド独立闘争』（風濤社、一九八三年）によると、京都帝大卒業後、インド独立運動を支援していた拓殖大学教授、大川周明の斡旋で満洲に渡り、新京では大川の従兄の本間有

三、大連では大川の実弟、大川周三の家に居候しながら、英国の植民地支配に反対する宣伝活動を展開したという。

この回想録には、ナイルが大陸で従事した実に興味深い活動内容が記されている。ナイルは満洲から内モンゴルへ出張した際、東トルキスタンやチベットから内モンゴルを通って天津に至る羊毛の隊商ルートが存在し、羊毛が最終的に英国へ向けて出荷されていることを察知する。

ナイルはもしこの交易を妨害すれば、英国の基幹産業を担い、経済帝国主義の奥の院とも言われたランカシャーの繊維業界に打撃を与えることができると考え、大川周明の盟友であった関東軍参謀副長の板垣征四郎少将に自ら工作を志願したのだ。実に奇想天外な作戦だが、マハトマ・ガンジーの英国製綿製品のボイコット運動がヒントになったという。

ナイルが立案した計画は日本の国益と一致した。東京の参謀本部の許可を得てナイルは再び内モンゴルに飛び、徳王と会見、各旗の王公宛の紹介状を書いてもらい、西へ向かった。

オチナ旗にたどりつき、トブシンバヤル王（漢語名「図王」）の支援を取りつけ、チベット仏教の活仏になりすまして更に西方の東トルキスタンを目指した。東トルキスタンこそ羊毛の一大産地であり、しかもその隊商ルートはヒマラヤを越え、ナイルの祖国インドにも通じていたからだ。ナイルは東トルキスタンに入域したが、山賊に捕まって所持金を巻き上げられたため、オチナ旗に引き返さざるを得なくなってしまう。

その後、ナイルは東に転じて綏遠省の包頭に入り、そこが羊毛の一大集散地であること、交易を牛耳っているのが回民の大商人たちであることなどを調査して満洲へ帰還した。

ナイルは東京に出頭し、包頭での羊毛買い占め工作を具申した。満洲帝国陸軍少将の待遇を与えられていたというナイルは、陸軍参謀本部や兼松（かねまつ）など複数の商社の協力を取りつけて大陸に戻り、今度はイスラームのムッラー（聖職者）になりすまして再び包頭を訪れ、対英経済攪乱（かくらん）工作を展開した。

英国情報機関は「満洲国ナイル」というコードネームをつけてナイルをマークしたという。ナイルは現地で撮影した写真を多数持ち帰って回想録に掲載している。南インドのケララ州出身のインド人が内モンゴルを歩いていればさぞかし目立ったと思うが、よく拘束されなかったものだ。

ナイルは満洲から連れてきた回民や、陸軍の予備役将校らとともに包頭で回民工作組織を立ち上げて満洲に帰還した。しかしあとを引き継いだ経済担当将校が羊毛の買いつけ価格をめぐって現地の回民商人と対立したため、せっかくの工作が水泡に帰したという。日中戦争が始まる前の時期に、内モンゴル奥地で日印英が経済戦争を展開していたというのはまさに歴史の闇に埋もれた秘話である。

ナイルはその後、大東亜戦争が勃発すると南方に拠点を移し、バンコックやシンガポールで「中村屋（なかむらや）のボース」ことビハリ・ボースの右腕としてインド国民軍の後方支援に関わった。

日本が敗戦し、祖国インドが悲願の独立を果たしたあともナイルは帰国せず、日本に残る道を選んだ。そして東京銀座にインド料理レストラン「ナイル」を開業して店主となった。私もかつて何度か店内で本人を見かけたことがある。ナイルは一九九〇年に八十五歳で大往生を遂げたが、銀座の老舗（しにせ）となった名店「ナイル」はいまも先代の味を守り続けている。

■悲劇の王、ダリジャヤ

関東軍は「対蒙（西北）施策要領」に基づいて、綏遠省の百霊廟、寧夏省のアラシャンに続いて、一九三六年八月に内モンゴル西部の最果ての地オチナに特務機関を設置することに成功した。

関東軍が辺疆の砂漠地帯に点々と特務機関のネットワークを構築していったのは、無線通信機と航空機用の給油基地を設置して、航空路を開拓して対ソ制空権を握るためであった。いざ日ソ開戦となった場合には、シベリア鉄道を爆撃することが可能になる。オチナは人口希少な砂漠のなかの小さな都邑に過ぎなかったが、飛行上の目印となる仏塔があった。

これら一連の工作を完了し、関東軍参謀長に昇進していた板垣征四郎中将は航空機で綏遠省各地を視察して回り、寧夏省のアラシャンにも足を延ばし、壮大な居城でダリジャヤ王（漢語名「達王」）と会見した。

アラシャン王家はチンギス・ハーンの弟ハサルの直系という名門の血筋で、モンゴルきっての大富豪でもあった。その財源は領内の塩湖から産出される無尽蔵の岩塩と天然ソーダだった。

ダリジャヤ王は、性格は温厚だが優柔不断で統率力に欠け、平安貴族のような雲上人だったらしい。板垣参謀長の副官として随行した泉可畏翁は「板垣参謀長の思い出」（板垣征四郎刊行会編『秘録板垣征四郎』芙蓉書房、一九七二年に所収）でダリジャヤ王の印象を、「折角桃源の夢を見ていたのをゆすり起こされたと云う感じであった」と記している。

話はやや先へ飛ぶが、その後、北支事変が勃発すると、日本軍が再びアラシャンへ進出してくるのを未然に阻むため、寧夏の回民軍閥、馬鴻逵はダリジャヤ王を拉致して蘭州に連行し、大東亜戦争が終わるまで七年間軟禁した。

ちょうどその頃アラシャンに潜入していた西川一三は、軟禁を一時的に解かれて活仏の葬儀に参列したダリジャヤ王の姿を目撃している。ダリジャヤ王は背広にソフト帽、乗馬靴、黒の色眼鏡をかけ白馬にまたがっていて、「保守的な他旗の王に比して、進歩的な印象を与えていた」と報告している。

内モンゴル出身の研究者、楊海英氏の『モンゴルとイスラーム的中国』（風響社、二〇〇七年）によると、ダリジャヤ王が軟禁されたのは、王妃が愛新覚羅溥儀の従妹だったため、日本との係累を中国国民党に警戒されたからだという。同書には若き日のダリジャヤ王と王妃の写真が掲載されている。

王は共産党政権成立後も内モンゴルに踏みとどまり、一時は自治区政府副主席という名誉職を与えられたが、文化大革命中の一九六八年、批判闘争集会で王妃ともども紅衛兵に撲殺された。

土地の古老たちは「ダリジャヤ王は広大なアラシャンを中華人民共和国の領土にしてあげたが、殺されるとは、思わなかっただろう」と語り継いでいるという。世界の片隅、シルクロードの奥地で泰平の夢を破られた悲劇の王であった。

■田中隆吉と武藤章――東京裁判で対立した二人の因縁

板垣参謀長の西北視察に話を戻す。板垣は最後に綏遠省を訪れて中国国民党系の軍閥、傅作義と会談した。当時、アラシャン特務機関の諜報員だった内田勇四郎は、回想録『内蒙古における独立運動』(朝日新聞西部本社編集出版センター、一九八四年)のなかで、板垣が局地防共協定を提案して抱き込みを図ったが傅作義はそれを断ったと書いている。

満洲への帰路、給油のため包頭に着陸して機外で休んでいると、中国軍の憲兵らしき者が内田に近づいてきて「あれはバンユァン(板垣)だろう?」と聞いてきたので「知らん」と答えたが、その中国人はなおもじっと板垣参謀長を見つめていたという。

その後、板垣参謀長の部下、田中隆吉が関東軍参謀兼任のまま徳化特務機関長として満洲から内モンゴルに乗り込んできた。「傅作義を叩き出して綏遠省を手に入れる」と威勢がいい。

田中は関東軍司令部の許可なく徳王率いる蒙古軍を使嗾して、軍事挑発を仕かけるが失敗。逆に百霊廟の特務機関を傅作義軍に占拠されてしまう。これを奪回しようとして撃退され潰走、日本人特務機関員二十九名を失うという信じ難い大失態を演じた。

これが悪名高い綏遠事件である。日本の外務省は事件への日本軍の関与を否定したものの、満洲事変以来、無敵と恐れられた関東軍初の敗退の報に中国の民衆は狂喜した。モンゴルの指導者として関東軍が肩入れしてきた徳王の権威は失墜した。

田中隆吉の部下だった内田勇四郎は、作戦のあまりの杜撰さが心配でたまらなくなり、事前に直訴したら田中がカンカンになって怒り出したので、「自分の立場を過信して出世欲に捕われた人は恐いと思った」と書き記している。

綏遠事件のあおりで寧夏省のアラシャン特務機関も撤収を余儀なくされ、設立されたばかりのオチナ特務機関は僻遠の地で完全に孤立してしまった。

最後の航空機便でオチナから脱出し、唯一の生還者となった元満洲航空社員の萩原正三は『関東軍特務機関シルクロードに消ゆ　大陸政策に青春を賭けた慟哭の記録』（ビブリオ、一九七六年）という手記を遺している。それによると、オチナ特務機関は田中参謀からの撤退命令を待ちながら八ヶ月持ちこたえたが、一九三七年七月に盧溝橋事件が勃発し、日中が交戦状態に突入するやいなや、機関員は中国国民党軍に拘束され、蘭州へ連行されて市中引き回しのうえ、全員処刑されたという。

オチナ特務機関の全滅は、当時公表が差し控えられたため、関東軍内部でも知らない者が多かった幻の事件である。田中隆吉の輔佐官だった松井忠雄（まついただお）は『内蒙三国志』（原書房、一九六六年）で、田中が上官である武藤章大佐にさえ事態を正確に報告していなかったことを暴露している。

中国の新聞は連日戦況を報道していたが、田中は「それは敵の攪乱情報だ」と言い張り、都合のよいことしか武藤に報告しなかった。武藤は現地を訪れ松井から真相を知らされて愕然とし、「結局、俺は田中の舌三寸に躍ったわけか」と慨嘆したという。

後年、極東国際軍事裁判の市ヶ谷法廷で、武藤はいわゆる「A級戦犯」として、田中は検察側証人として対峙することになる。田中は武藤に不利な証言を繰り返して武藤を死刑に追い込んだことはあまりにも有名である。

田中と武藤の上官だった板垣征四郎陸軍大将も「A級戦犯」として処刑された七人のうちの一人だ。板垣は巣鴨（すがも）プリズンの獄中で田中の手記『日本軍閥暗闘史』を読み、「自己の手柄を吹聴するか、ないしは自己弁護の臭気紛々、しかも復讐的企図すらほの見ゆるは断じて許すべからず」と苦々しく日記に書き記している。

功名心に駆られた田中隆吉が引き起こした綏遠事件は、関東軍が苦心惨憺して築き上げた特務機関のネットワークを壊滅させ、特務機関員たちの尊い生命を犠牲にしたばかりか、対ソ制空権の確保も頓挫させたのである。

■成立した蒙古連盟自治政府

一九三七年七月七日。北京郊外の盧溝橋で響いた一発の銃声から、日中両国は交戦状態に突入した。関東軍参謀長に就任した東條英機中将自ら率いる東條兵団はチャハル作戦を展開し、目標の察哈爾省のみならず省境を越えて綏遠省にまで攻め込み、傅作義軍の本拠地だった省都綏遠、交通の要衝包頭を含む内モンゴルの主要都市を占領した。

これを踏まえ、十月二十八日、ウランチャブ盟の盟長ユンタンワンチョク王（漢語名「雲王」）を主席、徳王を副主席とする蒙古連盟自治政府が成立した。モンゴル側は独立国家の樹立を希望したが、東條参謀長は時期尚早としてそれを認めなかった。

ただし、蒙古連盟自治政府が管轄する領域とされたのは、中国によって東西に分割されていた察哈爾省と綏遠省を大合同し、チャハル盟、シリンゴル盟、ウランチャブ盟、バインダラ盟、イクジョウ盟など、内モンゴルの主要部分をほぼ包摂するものだった（九三頁の地図参照）。

首都は綏遠に定められ、これを厚和豪特（モンゴル語で「蒼き都」の意。現在の漢語表記は「呼和浩特」）と改称、日本語では略して厚和と呼んだ。綏遠は内モンゴルを征服した清朝による命名で「遠きを綏んずる」という意味だった。

徳王の地位が副主席にとどまったのは、綏遠事件での権威失墜の影響もあるが、自分より年齢も爵位も格上の雲王に譲ったからで、雲王が病没したあとに推されて主席に就任した。徳王は晴れて大日本帝国の帝都東京を公式訪問して昭和天皇に拝謁したほか、陸軍大臣に就任していた板垣征四郎中将と旧交を温めた。このときが徳王の生涯で至福の瞬間だったかもしれない。

広大なアラシャンこそ含まれていなかったものの、まがりなりにも内モンゴルの中心部分を領域とするモンゴル人による自治政府は、支那事変（日中戦争）を契機にようやく実現した。だが、自治政府の人事権は関東軍に握られ、その内面指導を仰がなければならなかったのはまぎれもない事実である。内面指導とは満洲帝国で導入されていた制度で、各部署に配属された日本人顧問が実質的な決定権を掌握するという仕組みになっていた。

蒙古連盟自治政府には、金井章次という軍歴がまったくない民間人が最高顧問に就任した。金井は東大医学部卒業、博士号を持つ疫学者で、ジュネーブの国際連盟事務局保健部、満鉄衛生研究所などに勤務した変わり種だが、満洲建国以前に満洲青年連盟という在満居留民の政治団体を組織して政界に転じた。建国後は地方自治指導運動に乗り出し、満鮮国境の間島省長をしていたこともある。

金井は五族協和運動を長年実践してきた活動家としての経歴を誇っていたが、内モンゴルの事情には疎いうえ、「モンゴル独立などもってのほか」という態度だったため、徳王とことごとく軋轢を起こした。アパガ特務機関以来、モンゴル工作一筋でやってきた諜報員、内田勇四郎は自治政府の参事官に採用されていたが、「蒙古人の蒙古をつくるんだなどと言ったら日本人の物笑いになりそうな形勢になっていった」と嘆いている。

■見送られた独立「国」——弱小民族指導者の苦悩と悲哀

一九三九年九月一日、蒙古連盟自治政府は関東軍の指導によって、チャハル盟南部の張家口に設立されていた「察南自治政府」と、山西省北部の大同に設立されていた「晋北自治政府」と三者統合された。

こうして領土を拡大して新たに蒙古連合自治政府が成立し、首都を張家口とし、徳王が主席に就任した。元号は成紀（せいき）というチンギス・ハーン暦が採用された。

徳王は今度こそ「国」という名称にこだわったが、結局「邦」という漢字（モンゴル語ではどちらも「オロス」）を使うことで妥協が図られ、「内蒙古自治邦」を対内的に名乗ることが認められただけだった。徳王の懇願にもかかわらず、またしても独立国家は見送られた。理由は三つある。

まず、従来からくすぶっていたことだが東部内蒙古、いわゆる満洲蒙古の帰属問題がある。満洲帝国領内にはホロンバイル盟（興安北省）、ジェリム盟（興安南省）、熱河作戦で組み入れられたジョーオダ盟、ジョソト盟（熱河省）などのモンゴル人の土地が含まれている。以前からその返還要求を関東軍にぶつけてきたのは徳王自身だった。モンゴル国家が誕生すれば、当然、東部内蒙古の併合要求が沸き起こり、へたをすれば満洲帝国との国境問題に発展する恐れがあると考えられたのである。

二番目に、「察南自治政府」や「晋北自治政府」と合併されたことで顕在化した問題がある。そもそもなぜ合併が行われたかというと、察南・晋北の両地域は、北京と包頭を結

満洲帝国と蒙古連合自治政府（1940年頃）

ぶ京包線の沿線で人口が稠密であるうえ、石炭や鉄鉱石など資源が豊富で産業も発展しており、この地域を除いた純然たる内モンゴルだけでは経済的な自立が困難だったからだ。

だが、察南・晋北の住民、特に最大の都市、張家口にはモンゴル人はほとんど住んでおらず、大部分が漢人であったため、合併の結果、蒙古連合自治政府の領域内では全人口の九十五%が漢人であるといういびつな人種構成になってしまい、漢人住民にも配慮せざるを得なくなったのである。

三番目として、陸軍中央が進めていた「梅工作」すなわち汪兆銘担ぎ出し工作の影響がある。これは、重慶に立てこもった蒋介石と袂を分かった汪兆銘に親日政権を樹立させるというもので、自民党の第二十四代総裁、谷垣禎一氏の祖父、影佐禎昭大佐が推進していた。

当時の中国国民党は蔣介石であれ汪兆銘であれ、内モンゴルはもちろん外モンゴルさえ独立を承認しない方針だったため、汪兆銘は蒙古連合自治政府をあくまでも南京政権の主権下の一地方政権として扱い、日本もこれを容認した。

モンゴル国家の独立を熱望する徳王はすっかり日本に失望し、次第に面従腹背の態度を取るようになる。徳王は自伝のなかで「離縁させられた嫁は、子牛の乳の心配をしない」というモンゴルの諺を引いて、これが当時の自分の心境だと書いている。

一九四〇年に徳王が重慶の蔣介石と内通したことが発覚したが、迫りくる大東亜戦争開戦を前に複雑化する国際情勢に鑑みて、徳王の背信は不問に付された。日本の立場から見てこれを裏切り行為と断罪することは可能だが、徳王はモンゴル人の独立国家を希求する民族主義者として首尾一貫している。森久男氏が翻訳・解説した『徳王自伝』（岩波書店、一九九四年）を読むとしみじみとそれが伝わってくる。

徳王は、目的を追求するためには状況に応じて日本を頼ったり、中国に寝返ったりもするしたたかなマキャベリストでもあった。だが、強国の力を利用しながら、その狭間で生きねばならない弱小民族の指導者として生まれついた者の苦悩と悲哀を、いったい誰が非難することなどできようか。

■戦時中のモンゴル人留学生と「善隣協会」

モンゴル人に偽装してチベットに潜入した西川一三がモンゴル語を学んだ興亜義塾は一九三九年四月に厚和に設立された。設立の母体となったのは善隣協会という団体である。これはもともと笹目恒雄という篤志家が大正末期から私財を投げうって個人で運営していた戴天義塾というモンゴル人のための日本語教育の私塾を発展的に改組した組織である。

笹目恒雄という人物も実に数奇な人生を歩んだ傑物である。一九〇二年に茨城県の資産家の御曹司として生まれ、大学の夏休みに満洲を放浪中、教育を受ける機会に恵まれないモンゴルの青少年の境遇を見て一念発起し、彼らを日本に留学させる事業を思い立つ。そして親戚から資金をかき集めて再び満洲に渡り、六名の留学生を連れ帰る。旅費も学費もすべて笹目個人が負担する、まったくの慈善事業である。

笹目の献身的な奮闘ぶりを耳にした陸軍の教育総監、林銑十郎大将が協力し、満洲国建国の翌一九三三年、日蒙協会という組織の設立にこぎつけた。翌年、これを善隣協会と改称することを条件に内務省から正式に財団法人としての認可が下りた。

善隣協会は、内モンゴル各地で初級日本語教育を受けたモンゴル人青少年のなかから留学希望者を試験で選抜し、東京の善隣学寮で寮生活をさせながら日本語と生活習慣の指導を行ったあと、全国各地の大学や専門学校に送った。

主な進学先は北海道帝国大学医学部・農学部、京都帝国大学医学部、京都府立医科大学、早稲田大学政経学部、中央大学法学部、東京高等師範学校、岩手師範学校、岐阜師範学校、盛岡高等農林学校など様々である。

一九四二年十一月の時点での在日モンゴル人留学生は百六十三名に上り、大東亜戦争中にもかかわらず懇親会（百四十名出席）や富士登山などが行われている。一九四五年、本土空襲が激しくなると、留学生たちは静岡県裾野（すその）町の禅寺に疎開させられた。同年三月の東京大空襲で全施設が灰燼（かいじん）に帰し、一九四七年、善隣協会はＧＨＱの指令で解散させられ、十三年間の短い歴史を閉じた。

留学生のなかには戦後もモンゴルに帰国せず、日本で生きる道を選んだ者も少なくなかった。善隣会編『善隣協会史』（日本モンゴル協会、一九八一年）によると、一九七九年現在二十名が全国に在住しており、そのうち六名が日本国籍を取得している。

一方、モンゴル人留学生受け入れ事業の生みの親である笹目恒雄はどうなったか。善隣協会が財団法人として本格的に活動を開始すると、組織に参画するということが肌に合わないのか、惜しげもなく運営を人に譲って大陸に渡ってしまう。

笹目は徳王の私設顧問に納まるが、関東軍の威光を背景に特務機関を取り仕切る蒙古浪人の長老、盛島角房と軋轢を起こし、ついに内モンゴルから追放されてしまう。そして青海省への潜入を試みるが回民軍閥に逮捕投獄されてしまい、釈放されたあとは終戦まで満洲で牧場主として過す。戦後はソ連に連行され、民間人であったにもかかわらず冤罪で十一年間のシベリア抑留生活を送る。

一九五六年の日ソ共同宣言でようやく帰国を許され、東京の大岳山上に「東京多摩主院」という道院を開き、宗教家として余生を送りながら回顧録の執筆に没頭した。吐き出さずにはいられない情念が鬱積していたのであろう、それは全八巻にも及ぶ浩瀚な一代記『神仙の寵児』として結実した。

■なぜ林銑十郎は「赤化」に敏感だったのか

善隣協会を発足させるとき笹目恒雄を支援した陸軍大将林銑十郎は、軍服を脱いで一個人として羽織袴姿で笹目と一緒に金策に走り回り、三井、三菱などの財閥から出資金を引き出したという。林がかくまで並々ならぬ尽力をしたのは、単に笹目の義侠心に共感したためだけではなかった。

笹目恒雄の回顧録『神仙の寵児　四　天恩編（上）』（国書刊行会、一九九一年）によると、笹目が林と初めて出会ったのは一九二五年（大正十四年）頃のことだという。横須賀市公会堂で行われた笹目の講演会を林の副官が聞きに来ていた。そして後日、その頃東京湾要塞司令官をしていた林から「満蒙旅行談を聞かしてくれ」と招かれた。

林は笹目に「更に一歩を進めて新疆省方面の回教徒研究に乗り出す気はないか」と問いかけたという。モンゴル一筋で回教徒のことなど考えたこともなかった笹目は即座に断ったが、それでも林は「君の力になってやろう」と好意的だった。

笹目はその後、陸大校長に栄転していた林を自邸に訪ね、「西北支那の回教徒」についての見解をあらためて質した。すると林はまず次のように答えた。

共産革命によって帝政ロシアは覆った。その影響下に、最も隣接したハルハ蒙古（引用者注「外モンゴル」の意）が独立したが、双方ともに国内整備が完了すれば、思想攻

撃は当然四隣に及んでくる。（中略）
われわれは何かを考える必要があるのではないか、と思うのである。そこで、今君の手を染めた蒙古は、最も重要な右翼（引用者注、兵要地誌用語で「敵の右前方」の意）防波堤前線地帯である、と見て僕は、君の動きに眼をつけたということである。

林は軍人でありながら共産主義の脅威を軍事的脅威としてではなく、「思想攻撃」つまりイデオロギー的脅威と見なしていたことが明白である。

林はなぜ、外モンゴルの共産化にかくも敏感だったのか。私たちは、その後のソ連や中華人民共和国の悲惨な歴史を知っている。それゆえこれを林の先見の明と言ってしまうのはたやすいが、もう少し当時の日本人の内在的論理に考察をめぐらせる必要があろう。

共産主義の思想的対抗軸と言えば教科書的には資本主義ということになろうが、林銑十郎ほど資本主義と無縁な軍人はいなかっただろう。林の反共主義は、資本主義体制擁護とはまったく別の文脈だったはずだ。

林が外モンゴルの共産化に脅威を感じたのは、端的に言って外モンゴルの國體（こくたい）ともいうべき活仏制度が廃絶されたことだったのではないか。コミンテルンは既に一九二二年テーぜで「君主制の廃止」を打ち出していた。

林は若い頃から川合清丸という宗教思想家の薫陶を受け、川合や山岡鉄舟らが設立した日本国教大道社に参画していた。林は総理在任中に「祭政一致」を唱えてマスコミから「神権政治」と揶揄されたがそれに臆することなく、総理大臣を辞任するやいなや、川合の死後に解散していた日本国教大道社を復興し、自ら第四代社長に就任した。林は國體と日本精神を至高の価値とし、生涯それを貫いた思想的軍人であった。

國體廃絶の脅威、すなわち日本固有の価値観が共産主義という西洋発の普遍主義に脅かされるという危機感こそ、林の問題意識の起点であったはずだ。

■防共回廊構想の思想的源流

林銑十郎はまた、笹目恒雄に次のように語っている。

> 右翼堤防のハルハ蒙古は、もろくも共産陣営に崩れ去ったが、左翼堤防の新疆省方面は、強烈な信仰信条を持つ回教民族だから、容易にその団結は崩れないと思う。(中略)回教という特殊な宗教勢力が、中央アジアからトルコに通ずる一線、これは単に新疆だ

けのものではないところに、なかなか一朝一夕に処断しかねる勢力をなすと思う。

近代化であれ、共産化であれ、外来思想の侵襲を前にして混乱動揺をきたさないためには、確固たる固有の価値体系を断固として堅持していなければならないという教訓を、林はムスリムという他者のなかに見いだしていたのであろう。

それにしても、林が笹目にこう語りかけたのは大正末期のことであり、松室孝良が満洲建国後の次の一手として「蒙古国建設に関する意見」を起案するはるか以前のことである。この時点で林が早くも「新疆」すなわち東トルキスタンのみならず、中央アジアからトルコにかけてまで視野に納めていることに驚嘆せざるを得ない。

林銑十郎（共同通信）

林は教育総監、陸軍大臣を歴任し、内閣総理大臣にまで上りつめた陸軍の大立者だが、やれ「越境将軍」「統制派のロボット」「何もせん十郎内閣」「食い逃げ解散」など、生前の評価は惨憺（さんたん）たるものだった。

だが、大賢は大愚に似たりとも言う。レッテルだけ見てわかったつもりになるのは知的誠意ある態度とは言えまい。

満洲国さえまだこの世に出現していない時代に、林がモンゴルからイスラーム圏までをも見据えていたのはなぜなのだろう。これも先見の明でかたづけてしまってもよいのだが、やはり何かきっかけがあったはずだ。

笹目恒雄によると、林は日露戦役に陸軍大尉として出征した際、山岡光太郎(やまおかみつたろう)という大陸浪人と知り合って親友となったという。山岡は東京外語学校(現在の東京外国語大学)露語科出身で、ロシア語通訳官として従軍していた。

山岡は林に、日露戦役で日本が勝ったとしてもロシアは決して極東進出を諦(あきら)めない、それを阻止するには日本はトルコから東トルキスタンに至るイスラームと提携するべきだという持論を語ったという。山岡は日露戦役の後、イスラームに改宗し、日本人として初めてメッカに巡礼してハッジとなった。

一方、林はその後ヨーロッパに二度駐在しているが、『林銑十郎 その生涯と信条』(原書房、一九七二年)を著した宮村三郎(みやむらさぶろう)によると、最初の欧州留学の際にイスラームと邂逅(かいこう)しているという。

林は郷里の旧藩主、前田利為侯爵に随行して一九一三年から約二年間ベルリンに留学した。その頃ドイツ参謀本部がさかんにイスラーム圏について調査研究し、諜報活動を展開していることに林は興味を惹かれた。

当時のドイツは皇帝ヴィルヘルム二世の時代で、３Ｂ政策、すなわちベルリン、ビザンチウム（現在のイスタンブール）、バグダッドを結ぶ鉄道敷設に象徴される中東進出を画策しており、「トルコ問題は英独衝突の発火点たるべし」と喧伝されていた。

林は第一次世界大戦勃発直前のバルカン半島を視察した。そこはかつてオスマン・トルコ帝国の領土だったためムスリム住民が多く、サラエボはモスクのミナレット（尖塔）が林立するイスラーム都市であった。そして林の留学中に、奇しくもサラエボで一発の銃声が鳴り響いたのだ。

バルカンを視察した林は、留学の成果として「第一次世界大戦時回教諸国の動静」と題する約八百枚に上る研究ノートを作成した。当時、林はまだ三十八歳の陸軍少佐。笹目恒雄に「新疆省方面の回教徒研究に乗り出す気はないか」と問いかける十一年も前に、林自身がイスラーム研究を既に手がけていたのだ。

モンゴルからイスラーム圏にかけて反共親日国家を樹立し、ソ連共産主義の南下を遮断する。これは後年、防共回廊構想とも、あるいは計画を推進したのが関東軍参謀副長時代の板垣征四郎少将だったことから「板垣征四郎構想」とも呼ばれた。

だが、板垣征四郎は単に計画の遂行者に過ぎず、計画そのものを立案したのは陸軍きってのモンゴル通といわれた松室孝良であり、そのロマン派的思潮の源流は、陸軍の知られざるイスラーム通の大御所、林銑十郎だったのだ。

林銑十郎と松室孝良の二人こそ、防共回廊構想の真の生みの親である。この二人とは、第二章で再び相まみえることになるだろう。

■国策化するモンゴル工作

善隣協会の設立時に話を戻す。財団法人として認可が下りた際、協会は事業内容も拡大し、従来の留学生受け入れに加え、内モンゴル現地での教育、医療、畜産指導などの社会事業も展開するようになる。

松室孝良の個人的意見書を継承した関東軍参謀部の「対蒙（西北）施策要領」のなかでは、善隣協会の社会事業が関東軍の戦略として明確に位置づけられている。同協会を関東軍の指導下に参加させ、教育については初等教育を普及させるため小学校を設立すること、医療については人畜の保健衛生を改善するために診療所などを設立することなどが方針として掲げられている。

なぜ関東軍が、小学校や診療所の設立を指示するのか。もちろん教育の普及や衛生状態の改善自体が、社会秩序の維持という占領行政上からも必要だったこともあるが、一方では情報戦としての側面もあったことを指摘したい。

当時、内モンゴルだけでなく中国各地で医療・教育活動をしながら諜報活動、特に反日宣伝活動を煽動していた英米の宣教師団の猖獗（しょうけつ）は座視できないものがあり、なんとしてもこれに対抗する必要があったからだ。

北支事変が勃発すると善隣協会の国策上の重要性は飛躍的に高まり、一九三八年からは外務省から分離独立した興亜院が管轄する全額政府出資の公的機関となった。

善隣協会が興亜義塾を設立したのも、西川一三の軌跡を振り返れば明らかなように、モンゴル、寧夏省、青海省、チベットなどで活動する諜報員を養成するためで、関東軍参謀部の方針に沿ったものだ。松室孝良も「蒙古国建設に関する意見」のなかで、モンゴル語とモンゴル事情に精通しモンゴル人指導にあたることができる日本人指導官の養成が絶対に必要だと指摘している。

西川一三の『秘境西域八年の潜行』の上巻には、善隣協会の調査部長だった後藤冨男の解説が寄せられている。それによると、善隣協会は蒙古連合自治政府と連携し、主として遊牧地帯で小学校、診療所、実験牧場などを運営していた。

蒙古連合自治政府の成立によって、純然たる内モンゴル地方が漢人人口の集中する察南・晋北地区と合併させられ、しかも首都が察南の張家口に置かれたこともあり、自治政府の施策が内モンゴルの遊牧地帯に行き届かないきらいがあったため、善隣協会の活動はそれを補完する役割を担っていたという。

興亜義塾の塾生たちに対する後藤のオマージュは、万人によって味読されるに値する。

義塾の青年たちは、「土民軍」と呼ばれた。かれらは草原を天地としてラマ寺廟や遊牧民の張幕に起居し、ほとんど張家口に出て来ない。かれらは真実心の底からモンゴル人を愛し、その言葉を語りその食物を口にしその衣服をまとう日常を送っていた。今から回想すると、この人びとはきわめて単純であり、また滑稽なくらい狭量でもあったが、モンゴル人との友情は純粋なものであった。その蒙古びいきと一本気とは、往々にして「国策」と衝突し、張家口では田舎者扱いされることが屢々であった。私は、このことをとくに言っておきたいと思う。

■「活仏」に色めき立った関東軍

西川一三の『秘境西域八年の潜行』には、関東軍によるモンゴル工作に関する、なんとも奇怪なエピソードが出てくる。

西川がモンゴル人になりすましてラサのデプン寺に滞在していたとき、一人のこどもの活仏が話題になっていた。それはなんと一九一一年に独立した外モンゴルの初代国家元首となり、モンゴル革命によって幽閉され、一九二四年に崩御した大活仏ジェプツンダンバ・ホトクト八世の転生霊童だという。

外モンゴルでは共産党政権によって活仏制度が廃絶されたため、ジェプツンダンバ・ホトクトは空位となっていたが、一九三九年にチベット政府は突然ジェプツンダンバ・ホトクト九世がラサのデプン寺に転生したと発表したのだ。

外モンゴルに限らず、全モンゴル人の信仰の的である大活仏の復活に、モンゴル世界はたちまち騒然となり、多くの敬虔（けいけん）な信者が巡礼となってラサへ殺到した。

西川もなかまのモンゴル人ラマたちとともに拝（おが）みに行ってみると、薄汚い小さな部屋の座台のうえに、活仏としては少しの聡明さも気品も見せない十二、三歳くらいのチベット人の小坊主が汚れた僧衣を着て坐っていたので拍子抜けしたという。

有り難がっているのはモンゴル人だけで、チベット仏教界ではまったく相手にされておらず、モンゴル人巡礼者が落としていくカネ目当ての詐称だったのではないかと、西川はうがった見方をしている。

ところが、この情報を入手して色めき立ったのが、なんと関東軍だったのだ。陸軍きってのモンゴル通といわれた松室孝良は、かつて一九三四年に起案した「満洲国隣接地方占領地統治案」のなかで「内蒙古をして中華民国の、外蒙古をして蘇国の羈絆より脱し、親日満に転向せしめ自治独立の機運を促進する」と、外モンゴルへと工作範囲の拡大を提言していた。

そしてその具体策として、外モンゴルの政権要人や赤軍幹部の買収、活仏や高僧などとの極秘接触、内モンゴル側からの親日分子の潜入工作、反ソ宣伝工作などを挙げている。

この工作目的におあつらえの人物が外モンゴルから内モンゴルに亡命してきていた。ジエプツンダンバ・ホトクト八世の側近だったデロワ・ホトクトという活仏である。

関東軍参謀部の「対蒙（西北）施策要領」のなかに「外蒙独立軍司令官テルワホトク

ト」という人物が登場し、「軍の編成はテルワの任意とし当初約五百名の騎兵部隊とす」と書かれている。当初はデロワ・ホトクトをモンゴル人騎兵部隊の指揮官にして、外モンゴル領内へのゲリラ戦でも仕かけることを計画していたようだ。デロワ・ホトクトは「赭(しゃ)顔(がん)に一面痘痕(あばた)のある、僧侶の持つ柔和さより精悍味のある闘士のような人」だったと言われている。

その後、関東軍はジェプツンダンバ・ホトクト転生騒動に対するモンゴル人たちの異様な熱狂ぶりに驚いてその影響力に注目し、この大活仏を内モンゴルへ招致して庇護下に置き、外モンゴルに対する宣伝工作に利用しようと発奮した。そしてその密使としてデロワ・ホトクトに白羽の矢を立て、多額の機密費を与えて送り出した。

この事件が起きた一九三九年は関東軍にとって重大な出来事が進行していた。ノモンハン事件である。日本の戦史では「日ソ両軍の激戦」として論じられがちなこの事件は、正確に言えば満洲帝国とモンゴル人民共和国の国境紛争であった。外モンゴルに対する諜報工作は、関東軍にとっていまやなりふり構っていられない喫緊(きっきん)の課題となっていた。

デロワ・ホトクトは突然、内モンゴルの草原から姿を消し、しばらくして夜景煌(きら)めく香港の高級ホテルに現れた。だが、蒙古連合自治政府の高官として潜入していた中国国民党の諜報員、呉鶴齢の通報によって計画は事前に発覚していた。デロワ・ホトクトは直ちに重慶に連行されて工作は頓挫し、莫大な機密費も行方不明となる。

日本の敗戦後、デロワ・ホトクトは重慶からチベットに赴き、西川一三が修行していたラサのデプン寺のモンゴル出身者の僧房に入門してくる。しかし一修行僧として扱われることに嫌気がさしていつのまにか姿を消した。

結局、米国のモンゴル地理学者であり（恐らく）諜報員でもあったオーウェン・ラティモアの斡旋で米国に亡命したという。ラティモアの弟子だった磯野富士子の『モンゴル革命』（中公新書、一九七四年）によると、デロワ・ホトクトは一九六四年に米国で遷化したという。これなどは正史では絶対に取り上げられない、まさに歴史の秘話であろう。

■大活仏がたどった数奇な運命

西川一三がラサで目撃したジェプツンダンバ・ホトクト九世はその後どうなったのか。驚いたことに、本人のインタビュー記事が顔写真とともに日本の新聞に載っていた。二〇〇二年八月十九日付の毎日新聞で、モスクワ市内のアパートの一室で行われた町田幸彦特派員による単独インタビューである。

記事によると、ボグド・ゲゲンことジェプツンダンバ・ホトクト九世は一九三二年にラサで生まれ、七歳から二十歳までデプン寺にいたというから、一九四五年に同寺でジェプツンダンバ・ホトクト九世とされる「十二、三歳くらいのチベット人の小坊主」を目撃したという西川一三の報告と完璧に辻褄が合う。

転生霊童に認定されたのは三、四歳の頃だと主張しているので一九三五〜三六年頃だったことになる。当時はダライ・ラマ十四世が即位する直前であったため、摂政が認定にあたったらしい。外モンゴルでチョイバルサンによる仏教弾圧が吹き荒れていたため、しばらく発表が控えられたという。

単独インタビューに応じたジェプツンダンバ・ホトクト九世
（毎日新聞2002年８月19日付）

西川の記述によれば、チベット政府が公表に踏み切ったのはノモンハン事件があった一九三九年ということであったので、ほぼ三年以上秘せられていたことになる。

成人したジェプツンダンバ・ホトクト九世はデプン寺から別の僧院に移ったが、なんと二十五歳のときに妻帯し、還俗（げんぞく）したという。二十五歳というと一九五七年のことになるが、ラサは既に中国共産党の支配下で、反右派闘争が吹き荒れ、本章四〇頁に登場したチベット初の日本留学僧ツァワ・ティトゥルが路上で撲殺された年である。活仏にとって過酷な時代だったことはまちがいない。

ダライ・ラマ十四世がインドに亡命した翌年の一九六〇年にジェプツンダンバ・ホトクト九世もあとを追ってチベットを脱出し、インドのダージリンで十四年間、行商や農作業の手伝いをしながら俗人として暮らしたという。

一九九〇年、民主化運動が始まっていたモンゴル人民共和国で、初の自由選挙で選ばれたオチルバト大統領からダラムサラのチベット亡命政府宛に、ジェプツンダンバ・ホトクト九世に関して真偽の照会があった。ダライ・ラマ十四世は本物だと確認したという。

だが、かつての正統な国家元首の転生者であるジェプツンダンバ・ホトクト九世の「帰国」はモンゴル政府にとって政治的リスクが大き過ぎるのであろう。モンゴル政府からの正式な招待はついに来なかった。

ジェプツンダンバ・ホトクト九世は一九九九年に観光ビザでモンゴルを訪問した。仏教関係者にも事前にコンタクトしていなかったのにもかかわらず噂はすぐさま広がり、寺院で盛大な歓迎式典が催されたという。先代八世が遷化し、外モンゴルで活仏制度が廃絶されてから七十五年後のことだった。

しかしジェプツンダンバ・ホトクト九世が復位することはなかった。ひとたび破壊された國體は、二度と復元されることはないということだ。

■民族指導者の最期——捕らわれた徳王

一九四五年八月九日、ソ連の対日参戦にともないソ連・外モンゴル連合軍が満洲だけでなく、内モンゴルにも侵攻した。日本の敗戦とともに蒙古連合自治政府は崩壊、徳王は北京へ脱出した。そして「蒙奸（もうかん）」として逮捕される可能性もあった重慶へ乗り込んで蒋介石と直談判したり、オーウェン・ラティモアをはじめとする米国の諜報員と接触したりして、内モンゴル独立の道を探るために不屈の精神で東奔西走した。

一方、徳王の叔父で蒙古連合自治政府の最高裁長官だったバヤンダライは、シリンゴル盟西スニト旗の徳王府で「内モンゴル人民共和国臨時政府」の樹立を宣言し、内外モンゴルの大統一を実現する好機到来と見て、外モンゴルのウランバートルへ国家統合を請願する六名の代表団を送った。

しかし外モンゴルの独裁者チョイバルサンはこれを冷然と拒否した。同年二月のヤルタ会談で「外モンゴルの現状を維持する」という秘密協定が結ばれていたからだ。内モンゴルの代表団は虚しく帰国するほかなかった。

ソ連のスターリンはヤルタ会談で、傀儡国家であるモンゴル人民共和国を現状のまま承認することを蔣介石に吞ませることを、対日参戦の見返りの一つとして要求した。当事者である蔣介石もチョイバルサンもヤルタには招かれていなかったが、米国大統領ルーズベルトが蔣介石を丸め込む役を引き受けた。

蔣介石は外モンゴルを承認する見返りに、ソ連が梃入れしていた東トルキスタン共和国から手を引くことを要求した。スターリンは外モンゴルを確保する見返りに東トルキスタンを見捨てたわけだが、このことは第三章で詳しく触れる。

中華民国はヤルタ会談の一年後の一九四六年二月にモンゴル人民共和国の承認に踏み切った。しかし自らの足もとは、既にソ連と中国共産党に深く侵蝕されていた。

一九四五年十月、徳王の叔父バヤンダライは「内モンゴル人民共和国臨時政府」の主席を解任され、ウランフという内モンゴル人が後任に選ばれたが、一ヶ月後に臨時政府を解散してしまう。

ウランフはコミンテルンが送り込んだ工作員だったのだ。「ウランフ」という名も「共産主義の申し子」という意味のコードネームで、その正体は雲澤という名の漢人化したモンゴル人であり、モンゴル名を持たず、モンゴル語もほとんど話せなかった。

そして一九四七年五月、ウランフはソ連の軍事力を背景に「内蒙古自治政府」を樹立し、政府主席に就任した。一九四九年十月に中華人民共和国が成立すると、ウランフは看板を「内蒙古自治区人民政府」にかけ替え、引き続き主席の座に留まった。

中国共産党が全土を制圧し、もはや逃げ場を失ったとき、徳王は台湾や米国に亡命する道を選ばず、なんと外モンゴルのウランバートルに向かっていった。ソ連の傀儡チョイバルサンがどう出るかはわかっていたはずだが、あくまでもモンゴル人国家にこだわりたかったのだろうか。案の定、徳王はモンゴル人民共和国当局に逮捕され、中国共産党に引き渡された。そしてかつて蒙古連合自治政府主席として君臨した張家口の監獄で約十三年間の獄中生活を送った。一九六三年に肝臓がんを患ったため釈放され、三年後の一九六六年に失意のまま逝去した。

徳王は、世が世なら、モンゴルの英雄になれるだけの手腕と胆力を持っていた。ただ、生まれてくる時代を間違えた。文化大革命の直前にこの世を去り、その悲劇を体験しないで済んだことだけはせめてもの幸いだったかもしれない。

第二章　イスラームと帝国陸軍——回民（中国ムスリム）

■知られざるイスラーム系民族「回民」とは

満蒙の地でモンゴル人と出会った日本は、盧溝橋事件を契機として華北へ進出し、その地で新たな他者と遭遇した。中国のムスリム、すなわちイスラーム教徒である。といっても近年日本でもよく知られるようになったウイグル人ではない。

中華人民共和国領内のイスラーム系諸民族のなかで、最多の人口を誇るのは「回族」とされている。二〇〇〇年の人口調査によれば、ウイグル人は約八百四十万人に対し、「回族」は約九百八十万人に上り、ウイグル人を上回る人口規模となっている。

ちなみに中国共産党はムスリムを少数民族の一つと見なして「回族」という民族名を与えているのに対して、中国国民党は固有の民族として認めず、イスラームを信仰する漢人であると見なして「回教徒」と呼んでいる。

本書はそのいずれからも距離を置くため、現在ではあまりなじみがないものの、戦前日本でも中国でも常用されていた「回民」という呼称で統一することとしたい。

戦前の日本は中国の回民とも浅からぬ関係を築いていた。それればかりか戦前日本の回民工作は、中国国民党や中国共産党の民族政策にも大きな影響を与え、ある意味では、国共内戦の帰趨さえ左右したと言っても過言ではない。にもかかわらず、現在の日本ではそうした史実がすっかり忘却されている。そもそも回民の存在さえ知らない人が少なくないのではないか。現在の中国にまつわる民族紛争に関する報道でも、チベット人やウイグル人と比べると、回民は取り上げられたことがない。

しかし歴史的に見れば、中国のコミュナル問題と言えばそれは端的に「漢回紛擾」（漢人と回民の対立）以外のなにものでもなかった。なぜか。

中華料理のメニューでは、一般に牛肉は「牛肉」、鶏肉は「鶏肉」と書いてあるが、豚肉は単に「肉」としか書いてない。漢人にとって「肉」といえばそれは豚肉以外にあり得ない。だが、回民にとって豚の肉や油脂を口にするのは身の毛がよだつほど汚らわしい。

豚肉に親しんでいる漢人にとって、豚を汚物扱いされるのはいい気がしないだろう。それゆえ漢人が「豚を食べないのは先祖が豚だからだろう」と回民を罵ったり、回民の家に猪八戒（豚頭人身図）の落書きをしたりする嫌がらせが横行し、それに回民が反発する紛擾がかつては頻発していた。食の根本に関わるだけに、漢回対立はいわば宿命なのだ。

清朝時代には回民による大規模な武力反乱が相次ぎ、まつろわぬ回民を殲滅することを意味する「洗回」という血塗られた言葉さえ生まれたほどだ。民国時代には北京や上海などの大都市で、漢人によるイスラームの冒瀆に憤激した回民が暴動を起こす「侮教事件」

があとを絶たなかった。それだけに、現在の漢回間の平穏無事はむしろ不気味である。

■回民と漢人を隔てるもの

回民の起源には諸説あるが、唐代に交易を目的として渡来したアラビア人やペルシャ人の子孫ではないかと推定されている。往古アラビア、ペルシャから海路で渡来した者は広州、泉州、杭州など中国東南の沿海部に、シルクロードを通って陸路で渡来した者は都の長安など西北の内陸部に居住した。そのまま定着し、幾世代もの漢人との通婚によって同化が進み、アラビア系、ペルシャ系としての人種的、言語的特質を滅却したのではないかというのが現在の定説である。

ウイグル人やカザフ人など東トルキスタンに居住するイスラーム諸民族は、テュルク系であるため容貌からして漢人とはまったく異質であるが、回民は人種的特徴としては漢人とほとんど見分けがつかず、言語も漢語を話す者が多い。

中国の五大民族自治区の一つに回民を中心とする寧夏回民自治区があるが、回民はこの区域のなかにだけ居住しているわけではない。むしろ域外に居住する人口の方がはるかに多く、しかもその分布は中国全土に及んでいる。

回民は、大海のような漢人社会のなかに点在する群島のような小社会に結集しながら、独自のアイデンティティを堅持してきた。これを「大分散、小集中」という。この点が、固有の領域国家を有していたチベット、モンゴル、ウイグルとの最大の違いである。

このため、回民はそもそも漢人とは別種の異民族なのか、それとも単に信仰を異にする漢人に過ぎないのかという議論が、かつて国共両党のあいだでなされたわけである。

ルーツはともかく、現在では回民と漢人を隔てる違いは人種でも言語でもなく、ひとえにその信仰と生活習慣である。内面的な違いは言うまでもないが、外見上の特徴としては、回民の男性は白い帽子をかぶっていたり、あご髭を生やしていたりするので、ある程度判別できるが、女性はベールで頭髪や身体を覆（おお）ったりしないので漢人と見分けがつかないことが多い。服装よりも重要な相違は、やはりなんといっても食習慣である。

中国の諸都市を歩くと「清真（せいしん）」という看板を掲げたレストランをよく目撃する。清真とは「穢（けが）れていない」つまり豚の肉や油脂を一切使っていないという意味で、この看板を掲げているのは回民が経営する回民向けの料理店なのである。首都北京でも多く見かける。

私は一九九〇年代初頭に三年間北京に駐在していたが、現地に進出した日本の工場も多くの回民従業員を抱えていたため、社員食堂を漢人用と回民用にわけて設置する配慮が不可欠だった。

当時、北京市には約二十万人もの回民が居住していた。市の西南部には牛街という回民居住区もあり、そこにはイスラーム世界でも有名な、千年の歴史を誇るモスクもある。

その北京に、戦前日本の支援で運営されていた回民のための社会事業団体や教育機関が存在していたことを知る人は、現在の日本にどれだけいるだろうか。

■明治に始まる日本のイスラーム工作

日本のイスラーム工作も、チベット、モンゴルに対するそれと同様、明治期に起源をさかのぼる。日露戦役の終結から四年後の一九〇九年、ロシア出身のトルコ系ムスリムで世界的に著名なイスラーム運動の活動家だったアブデュルレシト・イブラヒムが初来日した。その来日を工作したのは陸軍の明石元二郎大佐だったという説がある。明石はレーニンなど革命派を支援、帝政ロシアの後方を攪乱して、日露戦役を有利に導いたと言われ、日本陸軍のインテリジェンスの鼻祖として伝説的な人物である。

イブラヒムの来日前後、明石は韓国駐劄軍参謀長だったので招聘工作に直接関与したとは考えにくい。だが、日本で盛名を馳せていたとは言い難いイブラヒムが伊藤博文、大隈重信、東郷平八郎、大山巌などの元勲と会談を重ねているので、日本側のなんらかの機関が介在していたことは間違いない。しかしイブラヒムの手記『ジャポンヤ　イスラム系ロシア人の見た明治日本』（第三書館、一九九一年）を読む限り、来日の背後関係は判然としない。だがいずれにせよ、ロシアの潜在的反体制派としてのトルコ系ムスリム勢力に注目した日本と、ロシアを打ち負かした大日本帝国の支援による対露独立運動の高揚を期待したイブラヒム、その双方の利害が一致したことは疑う余地がない。

　大正時代に入ると、ロシア革命を逃れて中央アジアのイスラーム諸民族がシベリア、満洲経由で続々と日本に亡命してくるようになる。なかでもバシキール人の指導者ムハンマド・アブドルハイ・クルバンガリーがよく知られていた。陸軍や黒龍会などの民間結社の支援を得て東京回教団を設立し、日本を拠点としてイスラーム運動を展開した人物である。ちなみにバシキール人とはテュルク系民族の一つで、現在もロシア連邦を構成するバシトルトスタン共和国に居住している。

　一方、明治時代に一度来日し、その後ロシアやトルコなどで活動を続けていたアブデュルレシト・イブラヒムが一九三三年に二十四年ぶりに再来日した。今回の来日は、坂元勉「アブデュルレシト・イブラヒムの再来日と蒙疆政権下のイスラーム政策」（坂元勉編

『日中戦争とイスラーム』慶應義塾大学出版会、二〇〇八年に所収）によれば、当時在トルコ大使館付陸軍武官だった神田正種中佐の工作によるものだった。

神田は満洲事変のときの朝鮮軍参謀で、司令官の林銑十郎中将に越境を進言したことで知られているが、軍歴から見ると陸軍参謀本部ロシア班、浦塩（ウラジオストック）派遣軍司令部、ソ満国境の黒河特務機関と満鉄ハルピン事務所出向を経験している陸軍きってのロシア通である。トルコから帰朝後は参謀本部のロシア班長に就任している。

■対ソ戦略から対中戦略へのシフト

日本のイスラーム工作は日露戦役がきっかけだったことから、明治から大正にかけては対露・対ソ諜報活動の一環として位置づけられていた。しかし昭和に入ると盧溝橋事件をきっかけに対中工作、とりわけ華北での諜報活動における最重点項目となっていく。華北には少なからぬ人口の回民が居住しているからである。

中国側では盧溝橋事件の前年に起きた西安事件によって第二次国共合作が成立しており、共産軍が八路軍として国府軍に編入され、「政潜軍遊」と呼ばれるゲリラ活動を各地で展開していた。日本軍としては治安維持、共産勢力排除のために現地住民に対する宣撫工作が急務となった。

回民は、数においては漢人の比ではなかった。だが、内モンゴルのモンゴル人がその数ではなく、チベット仏教という精神的紐帯とラサへの巡礼ルートによってチベットと有機的に結びついているがゆえに重要だったのと同様、回民はイスラーム信仰と羊毛の隊商ルートによって「新疆」すなわち東トルキスタンと結びついているがゆえに重視された。日本は満蒙進出によってモンゴル人と遭遇したごとく、華北進出によってはからずも回民という端倪すべからざる他者と邂逅したわけだ。

日本はこの幸福な出会いに興奮を覚えた。ロシア革命以来、ソ連から多数のトルコ系民族の亡命者を受け入れてきた日本は、信仰心篤いムスリムが、無神論を標榜する共産主義とは絶対に相容れないことを熟知していたのである。

中国におけるイスラーム工作とは、すなわち回民の反共精神を覚醒させ、親日感情を涵養する思想戦にほかならなかった。このため日本国内でもムスリムの宗教的価値観や生活習慣、イスラーム圏の政治動向などに関する情報収集、調査分析の必要性が喫緊の課題として認識されるようになる。

盧溝橋事件から五ヶ月後には、外務省の調査部第三課に蒙回班が設置された。「蒙回」

すなわちモンゴルとイスラームがセットでとらえられていることが注目される。満蒙から蒙回へと、陸軍が矢継ぎ早に進める内蒙工作及び回民工作に、外務省もようやく対応し始めたわけである。蒙回班は『回教事情』という情報誌を公刊するようになった。

■大川周明と日本の「イスラーム元年」

盧溝橋事件の翌年一九三八年は、戦前日本における「イスラーム元年」とも言われる画期的な年であった。特に五月に重要な出来事が三件起きている。

まず、帝都東京初のモスクである東京回教礼拝堂（現在の東京ジャーミィ）が代々木上原(よよぎうえはら)に開堂したことが特筆される。

開堂式典には衆議院副議長、文部省政務次官、外務省欧亜局長、東京市長、陸軍大将の松井石根(まついいわね)、玄洋社(げんようしゃ)の頭山満(とうやまみつる)、三菱銀行会長の瀬下清(せじもきよし)など政財界の要人や、イエメン王国の王子と宗教大臣、サウジアラビア王国の国王名代として駐英大使など海外からも来賓が列席した。このイベントはイスラーム圏でも大きく報道され、日本の親イスラーム姿勢が全世界から注目を集めた。

東京回教団の指導者クルバンガリーは亡命ムスリム社会の内紛によって失脚し、満洲に追放されてしまったため、長老アブデュルレシト・イブラヒムが東京回教礼拝堂の初代イマームとなった。以後、イブラヒムは大東亜戦争末期の一九四四年に東京で病没するまで、日本を拠点としてイスラーム界の長老としてアジア・ムスリムの精神的支柱となった。

二番目に、イスラーム学の研究者たちが立ち上げた回教圏研究所が、善隣協会の傘下に組み入れられ、『回教圏』という学術誌を創刊したことが挙げられる。

善隣協会は第一章で取り上げた通り、モンゴル人留学生の受け入れと内モンゴルでの社会事業を行っていた団体である。もともと民間団体であったが、この年から全額政府出資の国策団体に昇格し、運営資金が潤沢になったことが背景にあると思われる。これを受けて、善隣協会は内モンゴルでも回民工作に乗り出し、厚和、包頭などに回民診療所、厚和に回民医師養成所、張家口に回民女塾を設立し、医療・教育事業を展開し始める。

回民が居住しているのは華北だけではなかった。内モンゴルでも張家口や包頭などの都市部を中心に回民社会が存在するばかりでなく、「ホトン」と呼ばれるイスラームを信仰するモンゴル人というユニークなエスニック・グループも存在するため、これらに対する宣撫工作が必要となったのである。

準公的機関となった善隣協会が工作対象に回民を加えたのは、外務省調査部内に蒙回班が設置されたことと平仄が合っている。対モンゴル人、対回民工作がいよいよ政府レベルで国策として明確に位置づけられたことを反映している。

三番目に、大川周明による「大川塾」の開塾がある。これはインドやイスラーム圏などアジア各地で独立運動を支援する人材を養成する教育機関で、正式名称は「東亜経済調査局付属研究所」と称し、満鉄、外務省、陸軍参謀本部の三者共同出資で設立された。大川塾にはアラビア語班、ペルシャ語班などが開講されており、その講師陣のなかからイスラーム学の世界的権威となった井筒俊彦や、アラビア史の前嶋信次、ペルシャ史の蒲生礼一など、戦後日本のイスラーム研究の泰斗となった優れた研究者が輩出した。

大川周明自身も一九二二年（大正十一年）に出版した大アジア主義の古典的著作『復興亜細亜の諸問題』（大鐙閣。復刻版は中公文庫、一九九三年）で、いち早くイスラームの重要性を指摘した先覚者である。大東亜戦争中にはイスラームの概説書である『回教概論』を刊行、戦後は東京裁判の被告とされながら獄中でコーランの訳注書『古蘭』を完成させており、日本のイスラーム研究史においても特筆されるべき足跡を残している。

■大日本回教協会創立——防共回廊構想の「思想」と「企画」の結節

同年九月には、「イスラーム元年」の集大成とも言うべき画期的出来事があった。大日本回教協会の創立である。会長に就任したのはなんと前内閣総理大臣、林銑十郎陸軍大将である。第一章で見たように、防共回廊構想の「思想的源流」と目される人物だ。

大正末期に善隣協会の前身である日蒙協会を立ち上げるとき、林は、モンゴル人留学生受け入れ事業に取り組んできた笹目恒雄に対して「更に一歩を進めて新疆省方面の回教徒研究に乗り出す気はないか」と語りかけた。その頃から林の脳裏にはモンゴルの延長線上に東トルキスタン、イスラームがくっきりとイメージを結んでいたことは前章で見たとおりである。そしていま、総理大臣経験を経てついに自ら日本のイスラーム工作を率いる立場となったのだ。

更に驚くべきことに、協会の実務を取り仕切る総務部長に就任したのは、なんと「蒙古国建設に関する意見」の起案者、「日本、満洲国、モンゴル、回教国、チベットの環状連盟を形成して中国を包囲すべし」という防共回廊の企画立案者、あの松室孝良なのだ。松室は満洲北部のチチハル特務機関長に飛ばされたあと、北平特務機関長などを経て、騎兵第四旅団長（少将）を最後に予備役に編入されていた。

かくして防共回廊構想の「思想的源流」と企画立案者の二人が、大日本回教協会の会長、総務部長として直属のラインのもとに顔をそろえたのだ。この両名の接点はそもそもいつどこで発生したのか。林は石川県人、陸士八期（歩兵科）で、ヨーロッパに二度も駐在した欧州通である一方、松室は京都生まれ、陸士十九期（騎兵科）で支那研究生上がりの典型的な支那通である。両者の軍歴を見比べてみたが同じ部署で働いていた時期もなく、接点は見えてこない。だが、大日本回教協会の総務部長として陸軍予備役少将の松室が起用されたのは、会長であり陸軍大将でもある林の意向であることは想像に難くない。

モンゴルを工作対象としていた善隣協会が回教圏研究所を傘下に組み入れ、内モンゴル各地で回民工作を展開し始めたことにも林の意向が働いていた。第三章で触れることになるが、大日本回教協会はある大がかりな秘密工作にも携わったが、表向きはイスラーム圏との親善交流及び貿易の促進、イスラームに関する調査研究及び啓蒙宣伝などを主要事業とし、『回教世界』という雑誌も創刊した。

大日本回教協会は一九三九年十一月に東京回教団との共催で、東京上野と大阪日本橋の松坂屋デパートで「回教圏展覧会」を開催した。この展覧会にはイスラーム圏各地から集められたコーランや宗教用具、工芸品や民族衣装、写真やジオラマ、統計資料などが展示され、会期中の総入場者数は百五十万人を数えるという大盛況となった。現在の日本ではイスラームをテーマとした展覧会がデパートで開催されること自体が考えられない。

当時は折しも二ヶ月前にヨーロッパで第二次世界大戦が勃発していたという状況にもかかわらず、この展覧会を機にイエメン、アフガニスタン、中国、満洲からムスリム使節団が来日し、東京丸の内の日本倶楽部で世界回教徒大会が開催された。使節団は外務大臣、商工大臣をはじめ閣僚を表敬、国会議事堂、明治神宮、靖國（やすくに）神社と遊就館（ゆうしゅうかん）、理化学研究所、新聞社、中央卸売市場などを参観したほか、名古屋、京都、大阪、神戸を歴訪した。前年に開堂したばかりの東京回教礼拝堂は無論、それよりも創建が古い名古屋モスクと神戸モスクにも巡拝したことは言うまでもない。

「日本封じ込め」に対抗するイスラーム圏との貿易推進

翌年四月には名古屋で「回教圏貿易座談会」が開催され、愛知県内や名古屋の財界人、外務省、マスコミ関係者などがイスラーム圏との通商問題について意見交換した。『回教世界』第二巻第六号（一九四〇年六月号）にその議事録が掲載されている。そのなかで注目されるのは、外務省通商局外務技師、大島宗子郎の発言である。

大島は当時の通関統計に基づいて、蘭領印度（現在のインドネシア）、英領印度（現在のインド、パキスタン、バングラデシュ）、英領マライ（現在のマレーシア、シンガポール）、イラン、イラク、エジプトなどイスラーム圏との貿易額について、輸出が六億五千百万円（輸出総額の十八・二パーセント）、輸入が五億七千二百万円（輸入総額の十九・六パーセント）で約八千万円の出超となっていることを明らかにしている。ブロック化が進む当時の国際情勢下で、日本の主力輸出製品である綿布や人絹の輸出先としてイスラーム圏が貴重な外貨獲得機会を提供していたことがわかる。

　更に大島は、原油を蘭領印度やアラビアから、天然ゴムを蘭領印度や英領マライから、鉄鉱石を英領マライから、棉花を英領印度やエジプトからの輸入に依存している現状を紹介し、輸出市場としてのみならず、戦略資源の輸入先としてもイスラーム圏との通商拡大が国家の至上命題であることを強調している。

　一九三八年七月、米国のルーズベルト大統領は武器・弾薬・アルミニウム・マンガン・マグネシウム・生ゴム・錫（すず）その他の対日輸出に許可制を導入し、一九四〇年には石油製品・鉄・金属屑（くず）・銅・真鍮（しんちゅう）・亜鉛・ニッケルなどの品目を追加した。許可制とはいっても、それは実質的な禁輸措置と大差ないほど過酷な条件で、日本経済の息の根を止めるに等しいものだった。大日本回教協会が推進したイスラーム圏との通商拡大工作は、米国が主導する日本封じ込め政策への対抗措置という側面もあったのである。

■大東亜共栄圏の一環としての華北におけるイスラーム工作

日本国内での朝野を挙げてのイスラーム対策と平行して、中国国内でも回民工作が本格化した。盧溝橋事件から五ヶ月後の一九三七年十二月十四日、北支那方面軍占領下の北京に中華民国臨時政府が樹立される。首班に就任した王克敏（おうこくびん）は親日派の政客で、のちに「漢奸」として中国国民党軍に逮捕され、獄中死した人物である。

十二月二四日、北京に新民会が発足した。これは北支那方面軍特務部が指導する政治団体で、目的は占領地での宣撫工作である。新民会の立ち上げには、満洲国内で満人に対する宣撫工作を担っていた協和会の関係者が数多く参画しており、なかでも中心的役割を果たしたのは世界的指揮者小澤征爾の父、小澤開作である。その生涯は田中秀雄（たなかひでお）氏による決定版というべき評伝『石原莞爾と小澤開作』（芙蓉書房出版、二〇〇八年）に詳しい。

そして年が明けて一九三八年二月、中国回教總聯合会（そうれんごう）が北京に設立された。新民会が漢人を対象とする宣撫機関であったとすれば、中国回教總聯合会は回民を対象とするそれであった。
中国回教總聯合会は「中国回教徒の団結、中日満三国の提携、中華民国臨時政府の擁護、共産主義反対」という四つのスローガンを掲げ、教育普及、貧民救済、統計調査、起業支援、文献収集や文化財保護などの社会活動を実施する社会事業団体、いまで言うNPOであった。

早稲田大学中央図書館に「支那に於ける我が回教対策に就いて」という日本語の冊子が所蔵されている。この文書には日付が明記されていないが、中国回教總聯合会が設立から五年後に作成したもので、執筆者は当時、首席顧問をつとめていた日本人ムスリム三田了一である。

三田は一八九二年、山口県に生まれ、山口高等商業学校（現在の山口大学）の支那貿易科を卒業後、大陸に雄飛した。そして河南省の周家口という集落で福田規矩男という日本人と出会う。福田は中国名「鄭朝宗」と名乗る大陸浪人で、「日回親善」を掲げて地元の回民を対象とする「東方学堂」という私塾を運営していた。

ここで三田はイスラームに開眼し、帰国後、日本人初のハッジ山岡光太郎に師事して改宗し、ムスリムとなる。一九二〇年に山岡の斡旋で満鉄に入社し、調査部、包頭公所長を

中国回教總聯合会本部（早稲田大学中央図書館所蔵『回教月刊』より）

経て、一九四一年に中国回教總聯合会の第二代首席顧問に就任した。

三田は「支那に於ける我が回教対策に就いて」のなかで、回民に対する工作要領として宗教の発揚、経済の革新、啓蒙の三点を挙げている。

宗教が重視されたのは、ムスリムの反共精神に注目したからである。三田は「回教信仰は共産主義とは絶対に相容れざる存在にして、その信仰と宗教生活によりて固まる彼等の社会は滅共の為の防壁たることが出来る」と説き、すべての工作は宗教に立脚させるべきだと明言している。

経済工作の目的については、貧困に悩む回民の生活の向上を図ることは、民心を掌握するうえで切実な効果があるため、まず学校教育、職業教育の普及向上につとめ、社会道徳の昂揚を図るとしている。

そして究極の工作目標として「回教徒をして、華北に於ける、またやがては共栄圏内の重要なる一環としての使命を完遂せしむる」ための啓蒙工作を挙げている。三田は華北における回民工作を、大東亜共栄圏の建設という当時の日本の一大国策の一環として位置づけていたのである。

■北京市内の大デモンストレーション

中国回教總聯合会の成立大会は二月七日に北京の中南海（現在、中国共産党の中枢がある禁域）の懐仁堂で挙行された。懐仁堂は、かつて西太后の住居や袁世凱の謁見の間として使われ、現在も中国共産党の最高首脳会議が行われる奥の院とも言うべき枢要な場所である。

大会の臨時主席をつとめたのは、満洲帝国の陸軍少将の肩書を持ち、新京（満洲帝国の首都、現在の長春）の清真寺（モスク）の教長（アホン）でもあった劉錦標という回民であった。劉は『易理中正論』『人道天道彙編』という中国思想に関する著作もある異色の人物で、大東亜戦争中の一九四三年に北京でコーランの漢訳『可蘭真経漢譯附傳』を出版している。

来賓として出席し祝辞を述べたのは喜多誠一（きたせいいち）陸軍少将、日本大使館の森島守人（もりしまもりと）参事官、そして「機関長」という肩書の茂川秀和（しげかわひでかず）という三人の日本人である。喜多少将は北支那方面軍の特務部長で占領地の治安・宣撫工作の最高責任者だった。

森島参事官は外務省職員で、満洲事変勃発時に奉天総領事、大東亜戦争勃発時にニューヨーク総領事の任にあり、歴史の節目に不思議と現場に居合わせた人物である。戦後『陰謀・暗殺・軍刀』（岩波新書、一九五〇年）という回顧録を著しているが、中国回教總聯合会に関しては一言も言及していない。

茂川秀和についてはのちに述べる。

成立大会閉会後、参列者は自動車数十台を連ね、北京市内を二時間余りかけてデモ行進を行った。その模様を撮影した写真を見ると、最後尾の車が見えないほどの長蛇の車列は壮観で、北京市民の度肝を抜いたのではないかと想像する。中国においてマイノリティである回民がこれほど大規模なデモを平和裡に展開したのは空前絶後であった。これも日本軍の保護下でなければ到底実現不可能だったはずだ。中国回教總聯合会の会旗として緑地白星月旗を用いることが決定されたが、これは北支那方面軍から使用認可を受けたもので、日本軍各部隊はこの会旗を見たら特別の保護を与えるよう指示されていた。

■日本人ムスリム諜報員、小村不二男

中国回教總聯合会は、傘下の地方組織として華北聯合總部、その下に北京、天津、済南(山東省)、太原(山西省)、張家口、包頭(内モンゴル)に区本部を設置した。さらにその下に各地のモスクを分会とするネットワークを構築し、既存のモスクをそのまま活用して回民社会の組織化を図った。

しかし中国回教總聯合会と銘打ってはいたものの、中国全土に展開する体制ができていたわけではなく、事実上、華北のみをカバーしていたのが実態であった。華北以外では西北、華中、華南、西南の各地方に聯合總部を設立する計画だったが、実現したのは西北だけであった。西北聯合總部は一九三八年十二月に厚和(現在のフフホト)に設立され、小村不二男という日本人ムスリムが首席顧問に就任した。

小村は一九一二年、京都に生まれ、天理大学で漢語とモンゴル語を学んだあと大陸に渡り、終戦まで一貫して内モンゴルでイスラーム工作に従事した諜報員で、戦後『日本イス

ラーム史』（日本イスラーム友好連盟、一九八八年）という貴重な資料を世に遺した。私が中国回教總聯合会について関心を抱いたのも、この書物を介してである。

戦時中、小村が拠点としていた西北聯合總部は、「西北」の名を冠してはいたものの、カバーできたのは内モンゴルを中心とする日本占領下のみで、日本の勢力が及ばなかった地域については、東トルキスタンはもちろん寧夏省、甘粛省、青海省、陝西省にも支部を設立するには至らなかった。

しかし、先にも引用した「支那に於ける我が回教対策に就いて」のなかで三田了一は、回教徒にとって華北と西北は密接不離であるため、華北における回教工作はそのまま西北に通じる、西北をいずれは大東亜共栄圏内に収容するには、華北における工作に万全を期する必要があると力説している。つまり中国回教總聯合会は、華北から西北（内モンゴルから東トルキスタンまで）を視野に収め、いずれは大東亜共栄圏に統合するという壮大な構想の一環として位置づけられていたのだ。

盧溝橋事件の勃発以前に、関東軍時代の板垣征四郎が推進し、田中隆吉の軽挙によって蹉跌した防共回廊工作（第一章）は、ここに陣容も新たに蘇ったのである。

中国回教總聯合会は同年四月『回教月刊』という漢語の機関誌を創刊した。それには中国回教總聯合会の最高指導部の名簿が掲載されている。名簿の順位は「機関長」茂川秀和、「首席顧問」高垣信造（後に三田了一に交替）、「委員長」王瑞蘭、「諮議」劉錦標の順となっている。

このうち、高垣信造は世界的に著名な日本講道館の柔道家で、アフガニスタンに王室顧問として派遣された経験があることからイスラーム圏でも知名度が高かった。王瑞蘭は北京回教會の会長をつとめていた牛街清真寺のアホン、劉錦標は成立大会の際に臨時主席をつとめた満洲出身の回民である。

中国回教總聯合会を実質的に掌握していた最高指導者は機関長という肩書の茂川秀和であった。機関誌『回教月刊』の題字も茂川の筆によるものである。

日本の軍人の指導のもとで、漢語で発行された回民向けの機関誌というこの特異な媒体に依拠しながら、中国回教總聯合会の具体的な活動内容を明らかにしていきたい。

■中国回教總聯合会が推進した教育事業

中国回教總聯合会が展開した様々な活動のなかで特筆されるのは各種の教育事業である。発足直後の一九三八年四月に回教青年団を組織している。初等中学卒業程度の学力のある二十歳以上三十歳以下の回民男子を対象に第一期生の募集が行われ、身体検査、筆記試験（論文、地理、歴史）、面接試験の結果、約二十名の応募者のなかから九名が選抜された。中国回教總聯合会の茂川秀和機関長が、回教青年団の主監を兼務した。

王若愚という回民教官が作詞した「日回共同生死歌」という青年団歌が『回教月刊』（第一巻第二期）に掲載されている。漢語の歌詞は日本人と回民の連携、共産勢力の打倒を訴え、「数千年来、寄る辺の無かった弱小民の圧迫は解除され、光明を得始めた。友邦（日本）の良意を心頭に牢記せよ」と荘重に歌い上げている。

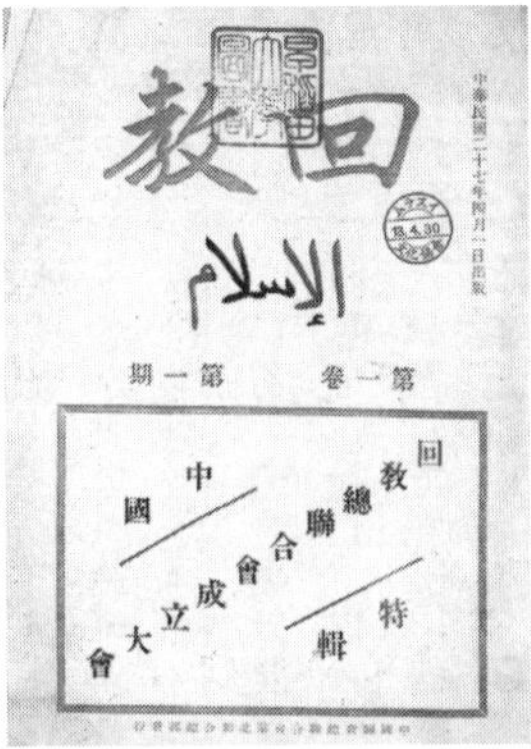

回教青年団は、その後二年間に百六十名の卒業生を送り出している。これらの卒業生に対しては、茂川機関長が自らの人脈を活かして就職先の開拓に奔走した。例えば日本憲兵隊に十五名、満鉄の車掌、警備員、鉄道工夫として二十名を斡旋したなどという記事が『回教月刊』に見られる。

『回教月刊』の表紙。題字は茂川秀和
（早稲田大学中央図書館所蔵）

また、中国回教總聯合会は日本語学校も開設している。学費免除で募集したところ、当初定員百五十名に対して三百二十五名の応募があったため、口頭試験の結果、定員を大幅に上回る二百二十名が入学を許可された。

更に、中国回教總聯合会は一九三八年八月に白今愚という回民青年を研究生として日本に送り出している。白今愚は北京師範大学を卒業後、北京で教師をしていたが、漢人校長の差別に憤慨して離職し、日本留学を志して中国回教總聯合会の門を叩いた。

その志をよしとして、茂川機関長自ら白今愚の推薦状を書き、出国手続き一切を代行してやって日本に渡航させた。翌年、白今愚は見事東京帝国大学の編入試験に合格した。白今愚は一九四〇年から翌年にかけて、大日本回教協会の機関誌『回教世界』に「中国の回教民族」という論文を五回にわたって連載している。それを読むと、地道な学級肌の人材だったことがうかがえるが、その後の消息は不明である。

このほか、中国回教總聯合会は、北支事変以来閉鎖されていた北京で唯一の回民専用の中等教育機関である西北学院の復興資金一千元を提供したり、回民女子の職業教育機関として実践女子中学校を設立したりするなど様々な教育事業を展開している。また、実現には至らなかったが「大東亜における回教信仰の中心道場」として北京に回教大学を建立する構想もあったという。

■回民に愛された日本人機関長

対外交流事業も重要であった。まず一九三八年五月に東京で行われた東京回教礼拝堂の開堂式典に、王瑞蘭委員長以下八名の訪日代表団を派遣している。一行は式典に参加したほか、総理官邸を訪問、近衛文麿（このえふみまろ）総理大臣の代理として風見章（かざみあきら）内閣書記官長を表敬、更に前内閣総理大臣林銑十郎、外務大臣廣田弘毅、陸軍大将松井石根、徳川義親（とくがわよしちか）侯爵、玄洋社の頭山満、東京回教礼拝堂のアブデュルレシト・イブラヒム教長、満洲帝国皇帝溥儀の従弟、溥侊（ふこう）らの要人と会見。国会議事堂、トルコ大使館、アフガニスタン公使館、エジプト公使館、陸軍大学などを訪問したほか、学識関係者との座談会に出席して日回の交流を深めた。

一九三八年暮れから翌年初にかけては五名のメッカ巡礼団を派遣し、更に一九三九年十一月には東京・大阪で開催された「回教圏展覧会」の際にも十一名の訪日代表団を派遣し、東京で開催された世界回教徒大会にも出席した。メッカ巡礼や訪日視察から戻った回民たちによる帰国報告は、北京中央放送局でラジオ放送された。

中国回教總聯合会はこうした教育事業、対外交流事業のほかに、社会事業としてモスクの維持管理、回民の零細事業主に対する小口金融、被災地への災害援助などを展開した。

これらの事業を運営するため、本部や各地の分会の職員として二千人以上の雇用機会を現地の回民に提供した。

中国回教總聯合会の機関誌『回教月刊』には、回民青年の就職斡旋に奔走したり、憲兵隊に拘束された回民の釈放に尽力したりする茂川機関長の様々な美談が伝えられ、その功績に対する謝辞、賛辞に満ちている。占領軍の威光を背景にしたプロパガンダ誌であるのはまぎれもない事実だから当然割り引いて読むべきだが、茂川が現地の回民から信頼されていたのはあながち我田引水ではなかったようである。

小村不二男は『日本イスラーム史』のなかで終戦直後の茂川の消息について、「北京軍事法廷で無期となり、その後に減刑があって、実刑数年の服役で日本に生還できた」と記している。驚くべきことに、茂川が減刑となったのは地元の回民代表たちが国民党軍の回民将軍、白崇禧(はくすうき)に助命嘆願書を呈上したためだという。

諜報工作の責任者は、敵方に捕まればふつうは処刑を免れないであろう。それが当の工作相手の現地住民から助命嘆願運動が起きて減刑され、無事に日本へ生還できたというのは尋常ではない。軍の特殊任務とはいえ、中国のマイノリティ、回民の「護民官」として大東亜戦争終結まで足かけ八年もの歳月にわたって君臨し、中国側からも一目置かれるという空前絶後の経験をした日本人、茂川秀和とはいったいどんな人物だったのだろうか。

■諜報将校・茂川秀和の知られざる生涯

茂川秀和は一八九六年九月九日、愛媛県松山に生まれた。秦郁彦（はたいくひこ）編『日本陸海軍総合事典〔第二版〕』（東京大学出版会、二〇〇五年）によると、旧松山藩士、遠山義寛（とおやまよしひろ）の三男で、茂川貞一（さだかず）の養子になったとある。

一九一八年に陸軍士官学校を卒業した陸士第三十期生だが、陸大には進学していないいわゆる無天組で、東京外語学校（現在の東京外国語大学）支那語科に一年間、北京にも一年間留学派遣された語学将校である。その後、関東軍司令部付、支那駐屯軍司令部参謀部付として天津特務機関長をつとめるなど一貫して大陸で諜報畑を歩いた。

天津特務機関長時代の茂川について、盧溝橋事件の首謀者だったのではないかという説がかつて流布された。東京裁判で検察側の証人となった例の田中隆吉の証言が根拠とされている。この点に関して秦郁彦氏は一九五三年十月十九日に茂川自身にインタビューしている。茂川は「事件後に学生を使って拡大の策動はやったが、田中はそれを混同したのだろう」と話したという。そもそも東京裁判での田中隆吉の証言に信憑性を認める識者はほとんどいない。

天津機関長時代の茂川の任務について、秦氏は『盧溝橋事件の研究』（東京大学出版会、一九九六年）のなかで、日本語学校に偽装した情報拠点を河北省だけで八十五ヶ所も作り、北京にも分室を置き、学生や青年を対象とした思想工作に力を入れていたと記している。盧溝橋事件のあと、日本占領下の北京に新民会が設立されると、茂川はその幹部養成機関である新民学院の学生隊長に就任している。そしてその翌月には中国回教總聯合会を成立させているのである。当時の階級はまだ少佐であるが、茂川が異民族を相手とする組織作りと青年教育に関して並々ならぬ手腕を有していたことがうかがえる。

ところで、大川周明は少なくとも一度、茂川秀和に会っている。北京を訪問中だった一九三八年十一月二日の大川の日記に「今晩は間瀬大佐茂川少佐と会食の約束だ」という記述がある（大川周明顕彰会編『大川周明日記』岩崎学術出版社、一九八六年）。

茂川は自らが主宰する中国回教總聯合会について、イスラーム研究で名高い大川に語ったはずだが、会談の内容に関して大川は日記に何も記していない。大川周明と茂川秀和のあいだにどんな会話が交わされたのか、いまとなっては知る由もない。歴史のさりげないひとこまに、私はひとしおの感慨を禁じ得ない。

生還後の茂川の動静について、驚くべき事実がある。小村不二男の『日本イスラーム史』の四四七頁には「昨日の敵は今日の友」というキャプション入りで、昭和三十三年（一九五八年）、北京の中南海の懐仁堂で毛沢東と握手する茂川の写真が掲載されている。懐仁堂は、まさにその二十年前に茂川自身が取り仕切った中国回教總聯合会の成立大会が開かれた歴史的建造物である。因縁の場所での、中国共産党の領袖と日本の元特務機関長という奇妙な取り合わせは、私の想像力を刺激して止まない。

茂川秀和の人となりを知りたいと思い、私はその消息をずいぶん調べて回った。一九八二年に作成された『満和会（陸士第三〇期生会）名簿』によると、既に一九七七年三月七日に八十一歳で物故していることが判明した。せめて御遺族のお話だけでも聞きたい、かなうことなら茂川が生前書き遺した手記や日記、手紙の断片でもいいから閲覧させて頂き、その「肉声」に触れたいと切望し、名簿に記載された東京都目黒区自由が丘の住所を訪ねてみた。茂川が晩年を過したと思われる一軒家は現存してい

中佐時代の茂川秀和
（昭和14年撮影）

たが、既に人手に渡っており、子孫の移転先はわからないという話だった。

小村の『日本イスラーム史』の四八四頁には一九四四年に北京で撮影したと思われる茂川とその令嬢の写真が掲載されている。この令嬢か、その家族の連絡先をなんとか知りたいと思い、茂川の軍歴だけを頼りに偕行社(かいこうしゃ)、総務省人事恩給局、出身地愛媛の県庁や郷友会などにも問い合わせたが、手がかりは杳としてつかめなかった。

■「回教は高級深遠なる倫理的宗教である」——茂川秀和のイスラーム認識

茂川が書き残した文章は現存するものが希少だが、そのなかで茂川の人柄や思想をしのばせるものがある。大東亜回教研究所が一九四四年三月に発行した『時局ト回教問題』という文書に、大佐に昇任したばかりの茂川が序文を寄せている。大東亜回教研究所という組織の詳細は不明だが、その住所は北京市内になっている。この序文で茂川は次のように書いている。

回教及び回教徒に関するわれらの不認識は、彼等の信仰を尊重擁護するつもりであっても、彼等の立場よりすれば宗教の根本に対する非常の干犯(かんぱん)であることもしばしば惹起(じゃっき)

されている。

我が国の回教対策上における諸準備を省(かえり)みる時、その貧弱さには唖然たるものがある。

中国回教總聯合会を率いて既に七年の星霜(せいそう)を数え、現地回民の広範な信望を得ていたはずの茂川の言葉としては、その自省の響きに意外の感を禁じ得ない。

茂川が執筆しているのは序文だけで、本文の執筆者は明示されていないが、当時の状況からして中国回教總聯合会の首席顧問であった三田了一以外に該当者が存在しない。本文の執筆者が誰であれ、序文を寄せている茂川が見解を共有していることは言うまでもない。

本文はイスラームについて次のように説いている。

回教はキリスト教徒が蔑視、悪宣伝するがごとき、あるいは異国情緒的興味本位に奇矯変態視する無責任なる旅行記に見るがごとき低級なる要素なく、高級深淵なる倫理的宗教である。

回教はすべての人種の完全なる平等及び友愛を説き、謙虚を尊び、欧米諸国に於ける国家的個人的道徳の頽廃（たいはい）、諸醜悪とは対処せる東洋的の様相を存している。

これに続けて本文は、欧米のキリスト教国は久しきにわたりイスラームを劣等、野蛮視し、ムスリムは暗愚、蒙昧（もうまい）、貧困でまったく自立自営の能力がない、到底救い難い存在であると宣伝しているが、我が国のイスラーム観は欧米人のそれに悪影響され、狭量で偏見に基づくイスラーム観が横行していると警告している。

そして、欧米人の偏見に誤らされ、その宣伝謀略に踊り、欧米に都合のよい見方に陥る愚を指摘し、我が国は先入観にとらわれることなく、独自の立場でイスラーム問題を見つめ直すことが重要だと主張している。エドワード・サイードのオリエンタリズム論を持ち出すまでもなく、これは今日にもあてはまる達見である。

■戦前日本人のイスラーム理解はどの程度だったか

『時局ト回教問題』の巻末には「回教徒に接する場合の心得」として、具体的な注意事項が列挙されている。

　モスクやコーランを神聖視すること
　偶像崇拝を激しく忌避すること
　中国からは西方にあたるメッカの方角に向かって礼拝するため、東方にあたる宮城遥拝を強要することは大きな反発を招くこと
　脱帽や敬礼、特に国旗に敬礼する習慣がないため、日章旗への敬礼を強要することは大きな反発を招くこと
　金曜日の礼拝を重視するため、勤務上の便宜を図る必要があること
　礼拝前の沐浴や断食など、宗教上の戒律への特別な配慮が必要であること
　豚、酒、煙草などの生活習慣上の禁忌
　火葬を忌むなど冠婚葬祭上の禁忌

これに加えて、「南方のある地域では、回教徒に対し我が国民儀礼を強制する等々のことが行われていると聞くが、今日の重大時局下において、信仰上の問題がかくの如く軽易に取扱われているとは到底信ずることは出来ぬ」とある。当時、英領マライ（現在のマレーシア）や蘭領印度（現在のインドネシア）の占領地では、日本軍がムスリムに神社への参拝や、宮城遥拝と称して東方、つまりメッカと反対の方角に向かって礼拝するよう強制するなどの愚行が横行していたのである。これでは大東亜共栄圏などうまく行くはずもない。

「心得」の執筆者は、こうした現状を厳しく批判し、「回教問題に関する日本人の再教育こそ目下の急務であって、将来に対する確固たる見透しに基づき、彼等との接触面に遺憾なきを期すべきである」と提言している。

そして最後に、「真心と温和を第一とし、是々非々緩厳よろしきを以て彼等に対するにおいては、回教徒とてなんら厄介視すべき点なく、取立てて述べるほどの接触上の困難はなく」「回教徒はわが心安き隣組であり、共栄圏の信頼するに足る有為の一環である」と結んでいる。

これを読む限り、茂川秀和をはじめとする中国回教總聯合会の日本人幹部たちがイスラームの内在的論理に精通し、それを尊重して周到な配慮を徹底する一方、イスラームに関する一般常識に欠ける日本人の言動に気苦労が絶えず、啓発に腐心していたことがよくわかる。

茂川はこの冊子に序文を寄せ、おそらく自戒を込めて「回教及び回教徒に関するわれらの不認識は、彼等の信仰を尊重擁護するつもりであっても、彼等の立場よりすれば宗教の根本に対する非常の干犯であることもしばしば惹起されている」と書いたのである。

■中国回教總聯合会への否定的見解

ただ、茂川に関し否定的な内部証言もある。京都帝国大学文学部の出身で、回教青年団で三年間教官をつとめた津吉孝雄（つよしたかお）の書信が、小村不二男の『日本イスラーム史』に収録されている。津吉によると、茂川は一見、村夫子（そんぷうし）然としているが、「大陸の異教徒は君のいうような甘いものではない」と津吉を一喝することがあったという。

津吉はまた、茂川と初代首席顧問の高垣信造とのあいだに確執が生じたことを証言している。茂川が高垣の行動に掣肘（せいちゅう）を加えることが多かったため、中国回教總聯合会は看板倒れとなり、北京周辺のモスクや教民の苦情取次機関に堕し、ついには高垣が茂川と激論となり、剛毅な柔道家、高垣がハンカチで顔を覆(おお)う場面もあったという。結局、高垣は一九四一年に顧問の職を辞し、その後任として三田了一が満鉄から招かれたわけだ。

津吉は北京から帰国後の一九四二年、『大乗』という雑誌に「華北回教徒の生活」という論文を七回にわたって連載している。

清真寺と呼ばれる中国式モスクの構造から礼拝の作法、聖職者の職能、回民の年中行事、冠婚葬祭、日常生活や就業状況など、華北の回民社会に関する詳細なフィールドノートだ。津吉自身の否定的な証言とは裏腹に、中国回教總聯合会の日本人職員が現地の回民の内在的論理を真摯に理解しようとつとめたことを示す好例となっている。

早稲田大学教授の新保敦子(しんぼあつこ)氏は植民地教育史学の立場から、中国回教總聯合会や回教青年団を研究対象とする多数の論文を発表しており、私も大いに啓発された。管見する限り、新保氏の論文はアカデミズムの世界で茂川秀和に言及している唯一の貴重な業績である。

新保氏は、基本的には日本の工作が現地回民の期待をことごとく裏切り、むしろ逆効果であったと否定的に評価する立場だが、中国回教總聯合会の回民指導者たちが宮城遥拝や日章旗への敬礼を拒否しても処罰、更迭(こうてつ)されなかったという事実にも着目し、「朝鮮など当時の他の植民地・占領地と比べると驚くべきことである」と一定の評価をされている。

■「漢人の策動あり」

茂川秀和率いる中国回教總聯合会の活動は、平均的日本人のイスラームに対する無理解に悩まされる一方、中国国民党や中国共産党の地下組織など様々な勢力の妨害工作にも対処しなければならなかった。

「回教工作カラ見タ華北施政ノ一断面」という文書がある。執筆者も発行者も明示されていないが、「華北に於ける当局者の一読を乞わんとす」という「北京にて　茂川中佐」の前言が掲げられており、日付は昭和十六年（一九四一年）七月となっている。

この文書は、日本軍が華北占領後に現地の畜産取引を統制下に置いたため、畜産業を主な生業とする回民が経済的困難に陥ったことを問題としている。華北は日本がイスラーム社会と本格的に遭遇した初めての地であるため仕方がないが、今後、東トルキスタンや、南洋やインドなどのイスラーム圏とも関わりを持つはずの日本にとって、華北はイスラーム工作の試金石とも位置づけられるべきであり、近視眼的対応を排して大所高所から百年の大計のもとに善処すべきであると、回民の民心に無頓着な日本軍当局に対して、苦言を呈する内容になっている。こうした茂川秀和らの提言が陸軍中央の重視するところとなり、全軍に周知徹底されていれば、日本の西北工作も奏効し、防共回廊の実現も夢ではなかったと悔やまれる。

この文書はまた、回民の困窮の裏には「一部の漢人の策動あり」と指摘している。戦後、中国共産党はその事実を認めている。中国人民政治協商会議の北京市委員会文史資料研究委員会が編纂した『日偽統治下的北平』（北京出版社、一九八七年）に収録された彭年（ほうねん）という人物の「日寇控制下的偽『回聯』」という論文によると、中国共産党は当時、中国回教總聯合会を日本軍による「以回制回（回民を以て回民を制す）」という「悪辣な」手段と見ていたという。「日本陸軍特務部機関長」として茂川秀和の名前も把握していたようだ。

彭年の論文によると、日本が北京を占領後、牛羊の皮革や肉類の統制を目的として「猪牛羊肉類組合」を設立したため、回民の牛羊業者の経営が悪化した。そこで中国共産党の地下組織は回民の党員を派遣し、日系組合への牛羊供給を妨害して損害を与えたという。

新保敦子氏は一九九八年に北京で彭年にインタビューを敢行し、中国国民党、中国共産党の双方が、当時北京の回民居住地域に工作員を派遣していた事実を確認している。

茂川率いる中国回教總聯合会は、中国共産党の地下組織が仕かける経済戦の最前線に立たされていたのである。

■歴史に翻弄される回民工作

中国回教總聯合会の財源確保も難題だった。一九三九年二月、創立一周年記念の茶話会で茂川は回民幹部に対し、従来日本の軍部が運営経費を拠出してきたが、今後は回民が自力更生し、外国人に依存せず、自立していかなければならないと訓示している。だが、地元の回民に経費を自弁させることはできなかったようだ。

中国回教總聯合会の調査室主任をつとめた栗原清（くりはらきよし）は、この四年後の一九四三年六月に「中国回教問題の重要性につき諸賢に訴ふ」と題する日本側当局者向けの極秘報告書を作成している。それによると中国回教總聯合会の運営経費は月額一万八千元で、当初は軍当局から、設立三年目からは華北の新民会から支給されていたという。ところが新民会が一九四三年四月から突然、中国回教總聯合会の運営経費を月額一万元に減額したため、会務の現状維持はおろか、苦心して築き上げた現地組織も一部放棄せざるを得ない重大な財政危機に直面していると、栗原は窮状を訴えている。

大幅な経費削減の背景には日本側の方針転換があった。一九四二年十二月に決定された「大東亜戦争完遂の為の対支処理根本方針」、いわゆる対支新政策がそれである。ガダルカナル島の戦況が悪化するなか、日本軍は中国戦線から太平洋戦線に兵力をシフトさせる必要に迫られていた。そこで東條内閣は南京の汪兆銘政権に梃入れするため、治外法権の撤廃など自主権を強化する方針に踏み切ったのである。

これを受けて華北の新民会も、約千六百名いた日本人職員が退職して中国人主体で運営されることになった。中国回教總聯合会の財政危機を訴えた栗原は、直接的には新民会の漢人指導層の横暴を告発しながら、同時に日本側当局に対しても、華北における剿共（そうきょう）戦（共産ゲリラ掃討戦）が激化する現状において「共産思想に対する堅固無類の防壁であり、これを粉砕する最精鋭の武器ともなり得る回教徒の存在を無視して、何の剿共ぞやと申し上げたい」と抗議の声を上げている。

せっかくこれまで懐柔してきた華北の回民をいま見捨てれば、重慶側や共産軍側に寝返らせ、日本が構築した回民のネットワークがみすみす「敵の魔手に踊る恐るべき情報網」と化す恐れなしとせず、「中途で放棄する位なら、初めからやらぬ方がどれだけ優っていたか知れない」と、本国の方針転換を厳しく批判している。中国回教總聯合会の命運も、茂川秀和や栗原清の労苦も、大東亜戦争の戦域拡大、戦況悪化という歴史の荒波に吞み込まれていった。

■中国を震撼させた日本のイスラーム工作

戦前日本のイスラーム、チベット、モンゴル、ウイグルへの支援工作はすべて侵略目的だった、動機が不純だったと断罪し、日本の敗戦という結果論を盾に取って全否定し、検証にも値しない歴史の恥部だと切り捨てるのが、戦後日本の主流派的見解である。さしずめ次のような主張がその典型と言えよう。

「日本の大陸侵略政策は民族分断統治であり、具体的には漢人と少数民族同士を敵として反目させ、その間隙をついて軍事占領・経済的収奪を正当化しようとしたのだといえる」

（松本ますみ『中国民族政策の研究』多賀出版、一九九九年）

だが、話は本当にそれで終わりだろうか。「日帝（にってい）による侵略戦争の一環だった」という紋切り型の解答で思考停止してしまうのが知的な態度と言えるのだろうか。そこから汲み取るべき知見や洞察は何もないのだろうか。

中国で回民出身の国民作家として著名な張承志(ちょうしょうし)は『回教から見た中国』(中公新書、一九九三年)で次のような興味深い指摘をしている。

当時の日本が、自国から遠く離れたところで民族問題という入り口を見つけ、中国を連続的に分裂させることに成功した事実は、今になって人々を驚かせる。というのは、日本軍部の持っていた知識、その戦略的な深い考え、攻撃の実行における巧みさなどが、多民族国家中国の弱点をついたのである。

戦前日本の民族工作は、中国を支配する漢人の虚を突いた。それは「中国」という国家概念の本質を根底から揺るがすほどの衝撃だった。とりわけ回民やウイグル人などイスラーム諸民族に対する日本の政策は、中国を支配する為政者の痛い所を突いていた。それは中国国民党、中国共産党の党派を問わず、中国の覇権を争う勢力にとって死活的な問題となり、そのイスラーム政策、ひいては民族政策全般に重大な影響を与えたのである。

一九三八年は戦前日本におけるイスラーム元年と言われていることを既に紹介したが、

日本の動きは中国側でも過剰とも言えるほどの反応を引き起こした。同年二月に茂川秀和の指導により北京に中国回教總聯合会が成立すると、蔣介石率いる中国国民党の重慶政権はこれに対抗するかのように「甘粛・寧夏・青海抗敵救国宣伝団」を組織し、西北各地で回民をターゲットにした抗日宣伝工作に躍起となった。「抗日」の最前線たる西北は、回民が多く居住する地帯だったからである。

■防共回廊を阻んだ回民軍閥

日本は満洲帝国、蒙古連合自治政府、中華民国臨時政府と、親日政権の樹立を支援しながら勢力圏を満洲から内モンゴル、華北へと拡大してきた。次の目標は西北の甘粛省、寧夏省、青海省、そして更にその西方の東トルキスタンだった。

第一章で、関東軍がアラシャンやオチナに特務機関のネットワークを作ろうとした内蒙工作を見てきたが、関東軍といえども、そこから西へはついに進むことができなかった。それは田中隆吉が引き起こした綏遠事件によって特務機関のネットワークが崩壊したことが直接の要因だったが、それだけではなかった。

日本の西漸（せいぜん）を阻んだのは、寧夏省の馬鴻逵、青海省の馬歩芳、甘粛省の馬歩青（ばほせい）など、

「三馬」とか「五馬」とか呼ばれた回民軍閥たちだったのだ。「馬」というのは西北の回民に普遍的な姓で、かつて漢文で預言者ムハンマドを「馬聖人」（馬はマホメッドの「マ」の当て字）と表記したことに由来している（ちなみに現代漢語ではアラビア語の音訳で「穆罕默德」と表記する）。

日本が東トルキスタンへ到達することができなかったのは、これら回民軍閥の抵抗線をどうしても突破できなかったためなのだ。第一章に登場した西川一三がモンゴル人になりすまして内モンゴルから寧夏省、青海省へ潜入したのも、端的に言えば回民軍閥支配下の敵情偵察が主たる任務であった。西川の報告にもあったように、西北は漢人、回民、モンゴル人、チベット人、ウイグル人など諸民族が交錯する文明の十字路だった。

当時の状況について、現在日本で研究活動をしている内モンゴル出身のモンゴル人楊海英氏は『モンゴルとイスラーム的中国』（風響社、二〇〇七年）のなかで次のように指摘している。

この時期、中華民国の尖兵となってモンゴル人やチベット人の自立を封殺しようとしたのが、なんと、ムスリムの軍人たちである。ムスリムの軍人たちは中華民国の功臣となり、モンゴル人やチベット人たちは「分離独立の分子」に転落していった。

ムスリムの軍人たちは、イスラーム社会の利益を代表する精鋭集団と化し、回民という民族のアイデンティティの形成に大きく寄与した。彼らはモンゴル人やチベット人を中国の二等市民に追い込んだ功績によって、「準ホームランド」のような西北地域を手に入れた。しかし、政治的には、最終的にはモンゴル人らと同様に、二等市民以上の地位は与えられなかった。

懐柔工作も実らず

回民軍閥は日本との提携を探った時期もあった。板垣征四郎が関東軍参謀長の時代、オチナに特務機関を設置したとき、大迫武夫（おおさこたけお）という正体不明の日本人が現地に現れた。すっかりモンゴル人になり切っていて、はじめはプロの特務機関員たちでさえ、同胞だと見破れなかったという。

大迫は所属も経歴も一切不明だが、現地の特務機関も知らされていない特殊任務についていた。それは青海省の回民軍閥、馬歩芳の懐柔工作だった。折しも綏遠事件で孤立したオチナ特務機関へ航空機用ガソリンを輸送する駱駝のキャラバン隊を関東軍が手配することになり、大迫はこれに便乗して馬歩芳へ武器弾薬を届けようとしていたのだ。

しかし盧溝橋事件が勃発したためキャラバン隊は中国国民党軍に拘束され、オチナ特務機関員もろとも蘭州に連行され処刑されてしまう。大迫はただ一人脱出したが、その後消息を絶つ。潜伏中に殺害されたと言われている。戦後、小村不二男が台湾政府の駐サウジアラビア大使になっていた馬歩芳にこの点を質すと、馬は黙して語らなかったという。

寧夏省の馬鴻逵、青海省の馬歩芳らの回民軍閥は独立志向が強く、関東軍はこれらの勢力と提携して満洲帝国、蒙古連合自治政府に続く親日政権「回回国」を樹立しようと期待をかけた時期もあったのだ。

陸軍中央はなぜ、馬鴻逵の懐柔工作に松室孝良を投入しなかったのだろうか。第一章で触れた通り、松室は支那研究生時代、回民軍閥の馬福祥と意気投合し、息子たちの指南役を頼まれた。そのときの息子の一人、馬鴻逵がいまや「寧夏王」と呼ばれる大軍閥に成長していたのだ。だが、松室は盧溝橋事件の勃発直後、騎兵第四旅団長を最後に予備役に編入されている。当時まだ五十一歳の働き盛りだった。陸軍中央には、西北の回民工作こそ日中間の死命を制する天目山だという認識が周知徹底されていなかったのではないか。

重慶側は必死だった。抗日戦の最前線となった西北を死守するには、なんとしても回民軍閥たちをつなぎとめておく必要があったため、蔣介石は米英から入手した武器弾薬や軍資金を糸目もつけずに西北で大盤振る舞いした。これが奏効して回民軍閥は重慶政権の側に立つに至ったのだ。

■極東と近東を結ぶ、壮大な世界戦略

日本のイスラーム政策は、単に日中間の戦局打開といった視野狭窄（きょうさく）なものではなく、世界規模の壮大な戦略構想に基づいていた。

それを端的に示しているのが、大日本回教協会が一九三九年三月二十日に発行した『東半球に於ける防共鉄壁構成と回教徒』という小冊子である。ここで防共政策の対象として挙げられているのは、「寧夏、甘粛、青海、新疆省及ソ領トルキスタン、コーカサス、ウラル地方、小アジア地方に分布するトルコ系回教徒、イラン及びアフガニスタン等のソ連接壌国」である。

まず、イスラーム圏は西洋キリスト教圏と東洋仏教圏の中間に位置する重要地帯であり、信仰心篤いムスリムには共産主義思想が浸透する余地はなく、「宗教は共産主義思想

の侵入を防ぐ防波堤である」と指摘する。そして、ムスリムの伝統的な反スラブ、反ソビエト感情に注目し、イスラーム圏を防共陣営に団結させる方策を説く。

すなわち、満洲帝国、蒙古連合自治政府、西北の防共回教自治国を更に西へ延長して、中央アジアから西アジア（中東）のイスラーム圏と連結することによって、初めて真の意味において極東と近東とをつなぐことができ、日本とイスラーム圏とを結ぶことができる。

そして「この線を確保することは、防共政策、回教政策、アジア民族解放政策を実践する上に必要であるのみならず、対支、対ソ、対英政策を遂行するため最も重要なるものである」と結論づけている。

この冊子の執筆者名は明らかにされていないが、恐らく大日本回教協会の総務部長に就任していた松室孝良ではないかと推測される。なぜなら、松室はこの冊子が作られる一年程前、イスラム文化協会の機関誌『イスラム』の一九三八年一月号に「皇国の大陸政策と支那に於ける回教徒問題に就いて」というほぼ同じ趣旨の署名論文を寄稿しているからだ。

松室は、ソ連が外モンゴル及び東トルキスタンで盛んに勢力浸透を画策している点に注意を向け、その地域のモンゴル人とムスリムを防共の方向で団結させることができれば、華北及び満洲への共産主義の浸透も阻止することができると指摘している。そして、「些か誇大妄想のやうではあるが」と断りながら、西北におけるイスラーム工作は、現地ムスリムの窮状を救うという人道的見地から重要であるのみならず、「日本の大陸政策の一大中心であって、之に成功すれば、支那問題を解決し、對ソ問題を緩和し、場合によっては解決するであらう」と主張している。

この論文のほぼ一年後に作成された大日本回教協会の『東半球に於ける防共鉄壁構成と回教徒』という冊子では、対象地域が中央アジアや中東を含むイスラーム圏全体に拡大され、世界的視野に立った気宇壮大な構想に発展していることが注目される。

■イスラームからの支持獲得をめぐる日中の情報戦

日本のイスラーム政策はあくまでもソ連と中国共産党の脅威に対するカウンター・インテリジェンスだったのだが、本来利害が一致するはずの蔣介石率いる重慶政権はそれを理解せず、過剰反応して見当違いの反日情報戦を海外で展開した。

一九三八年二月、茂川秀和の指導により北京に中国回教總聯合会が成立すると、重慶政権は王曾善（おうそうぜん）という回民を代表とする五名の「中国回教近東訪問団」という親善使節をイスラーム圏に派遣した。使節団は一年間にわたってサウジアラビア、トルコ、シリア、イラン、イラク、パレスチナ、エジプト、リビア、インドを歴訪、アラビア語の反日パンフレットを配布し、日貨排斥を訴え、重慶側の在外公館と連携しながら全イスラーム世界を反日陣営に引き入れるべく派手な宣伝活動を展開した。

更にイスラーム圏の最高学府たるエジプトの首都カイロのアズハル大学に留学中の回民留学生たちを使嗾して「中日戦争地帯避難民救済会」という組織を立ち上げさせ、「日本軍の残虐行為やイスラームへの冒瀆（ぼうとく）行為」を喧伝して排日機運を煽動した。

同年五月、日本では東京回教礼拝堂の開堂式が挙行され、世界的に著名なムスリム指導者アブデュルレシト・イブラヒムが初代イマームに就任、北京から中国回教總聯合会の代表団が参加するなどして、日本のイスラーム重視政策や中国イスラーム界との親密な関係をサウジアラビアやイエメンなどイスラーム圏からの出席者にアピールした。

すると同年同月、重慶政権は大本営を置いていた武漢（ぶかん）に「中国回民救国協会」を設立し、重慶軍副総参謀長の白崇禧を理事長に任命した。白崇禧は日本の敗戦後、北京軍事法廷の茂川秀和に対する死刑判決を覆（くつがえ）した人物であることは既に見た通りだが、中国回民救国協会の理事長に就任した当時は、折しも山東省台児荘の戦役で日本陸軍を初めて退却させ、「小諸葛（孔明）」として中国全土に盛名を馳せていた国民的英雄であった。

同年九月、日本では元総理大臣、林銑十郎陸軍大将を会長とする大日本回教協会の発会式が東京九段の軍人会館で挙行され、イスラーム圏との交流促進活動を開始した。

翌一九三九年初、北京の中国回教總聯合会の総務部長、唐易塵（とうえきじん）ら五名がメッカ巡礼に訪れた。これに対抗するため、重慶からの指示で急遽エジプト在留の回民留学生二十八名からなる「中華民国回教巡礼団」が組成されてメッカを訪問し、世界中から参集した巡礼者たちを前にして、重慶の中国回民救国協会が中国を代表する唯一の回民団体であり、北京の中国回教總聯合会は日本の傀儡であると主張した。更に、日本は回教国ではなく、むしろ中国でモスクを爆撃するなどイスラームを弾圧しているなどといった反日宣伝活動を繰り広げた。その一方で、中国回教總聯合会の巡礼団につきまとって監視し、各国の巡礼者たちとの親善交流を妨害した。これは中国国民党による工作だったにもかかわらず、中国共産党も「正義と邪悪の闘争」と絶賛している。

このときの留学生の一人、馬堅（ばけん）は雲南省出身の回民で、カイロのアズハル大学に留学して既に八年目だった。得意のアラビア語を駆使して「世界回教同胞に告げる書」というプロパガンダを各国の新聞に投稿し、イスラーム圏の世論に大きな影響を与えた。

同年十一月、大日本回教協会の主催で開催された回教圏展覧会に合わせて世界回教徒大会が東京で招集され、イエメンの宗教大臣などが出席してイスラーム圏の注目を集めた。すると翌一九四〇年初、重慶政府はサウジアラビアのジェッダに領事館を開設し、かつて中東各地で反日宣伝を展開した使節団の一員だった王世明（おうせいめい）という回民諜報員を常駐させ、中東地域における反日宣伝活動を恒常化させる態勢を築いた。

かくのごとく、イスラーム圏からの支持獲得をめぐって日本と重慶は国際場裡で熾烈な情報戦を繰り広げていたのである。

■孫文（そんぶん）から蔣介石へ連なる大漢民族主義

近代中国の国父、孫文は民族主義、民権主義、民生主義からなる三民主義を掲げたが、このうち民族主義はその意味するところが三段階で変化している。

清朝を打倒するまでは、「駆除韃虜（くじょだつりょ）」という革命スローガンに表れているように孫文は熱烈な漢民族至上主義者であった。

ところが一九一二年に辛亥革命を起こして共和制を打ち立てると、孫文は漢・満・蒙・

回・蔵の五族協和論を提唱するようになる。このうち満洲人、モンゴル人、チベット人については議論の余地はないが、「回」についてはこれが回民を指すのか、東トルキスタンのウイグル人を指すのか曖昧だった。

一九一九年に中華革命党から中国国民党に党名を変更した頃から、孫文は五族協和論を否定するようになり、満・蒙・回・蔵を漢民族に同化させて「中華民族」となし、一民族一国家にしなければならないと主張するようになった。孫文も最終的には大漢民族主義者に退行してしまったわけである。

孫文の後を受け継いだ蔣介石は更に拡大解釈して、中国は多民族国家ではなく単一の大中華民族国家であり、漢・満・蒙・回・蔵は固有の民族ではなく、「大中華民族」という一つの民族のなかの「宗族宗支」に過ぎないと主張し、諸民族の固有性を否定した。

蔣介石は一九二七年四月に南京国民政府を樹立し、行政院の下に蒙蔵委員会を設置して「宗族宗支」問題の処理に取り組み始めたが、委員会の名称が示す通り、これはモンゴル人とチベット人対策を主眼としたものだった。回民にせよ、ウイグル人にせよ、イスラーム諸民族の存在は、孫文も蔣介石も、そもそも眼中にはなかったのだ。

ところが日本がイスラーム工作に乗り出したため、蔣介石も慌ててイスラーム問題に目を向けざるを得なくなった。だがその方針は、回民の民族としての固有性を尊重するのとは逆の方向へと漂流していった。

日本が民族自決論を掲げて回民やモンゴル人の分離独立を支援することへの対抗上、回民やモンゴル人は固有の民族ではなく、漢人と同じ民族、「大中華民族」だというドグマにますます傾斜していったわけである。

東京で大日本回教協会が発足した直後、蔣介石は「回教同胞は、信仰心を以て三民主義に服属し、護教精神を以て国防に当たらなければならない」という訓示を垂れ、イスラームへの信仰心を、中国国民党のテーゼとナショナリズムにリンクさせることで回民を抗日戦線へ動員しようと目論んだ。

一九三九年七月、蔣介石は重慶で「中国には幾多の宗教があり、仏教、キリスト教、回教は、すべて漢族の信仰する宗教であるということが出来る。仏教は仏民と称することが出来ず、耶教（キリスト教）は耶民と称することが出来ない。然らば回教もまた回民と称することは出来ない」と演説した。

翌一九四〇年九月、重慶政権は「回民」という呼称を禁止し、「回教徒」という呼称を一律に用いることを命ずる行政院通達を発令した。その理由は、回教徒は漢人キリスト教徒と同様、民族的には漢人と異なるところがないのに、回民という呼称を用いるとあたかも漢人とは別の異民族であるかのような誤解を与え、民族問題を惹起しかねないため使用を禁止すると断ずるもので、回民の強烈なアイデンティティを一顧だにしない、いかにも思慮を欠いた措置であった。

■毛沢東は回民にどう対処したか

蔣介石のこうした「回漢同源論」に基づく回民に対する同化政策を、中国共産党は激しく批判し、回民は漢民族とは別種の少数民族として処遇されるべき「回族」であると主張した。毛沢東は一九三八年十月『新段階を論ず』を発表し、中国国民党の政策を「大漢族主義」だと徹底批判した。

中国共産党にとってもイスラーム対策は死活問題と言えるほど重大な課題だった。一九三四年十月、華南に位置する江西省瑞金にあった中国共産党の根拠地が、蔣介石率いる中国国民党軍による包囲殲滅作戦によって陥落した。瑞金を撤退した中国共産党の残党は、国民党の勢力圏を避け、西南から西北にかけて異民族の領土をさまよいながら、ソ連の庇護を受けやすい東トルキスタンか外モンゴルに新たな根拠地を求めて北上した。その途上、青海省と寧夏省の回民軍閥から激しい攻撃を受けたため、東トルキスタンには近づくことさえできなかった。

青海省の馬歩芳、寧夏省の馬鴻逵らの回民軍閥はイスラームの信仰篤く、徹底した反共主義者であったことから、無神論の中国共産党を断固として受けつけなかった。このため馬歩芳や馬鴻逵は回民であるにもかかわらず、同化政策を掲げる中国国民党に接近せざるを得なかった。国共内戦で破れると回民軍閥の領袖は蔣介石とともに台湾へ脱出し、最終的に馬歩芳はサウジアラビア、馬鴻逵は米国ロサンジェルスの亡命先で死亡した。生涯反共を貫いたのは立派だったが、もし日本と提携していれば、故郷喪失者として異国で客死することはなかったかもしれない。

中国共産党は結局二年あまりをかけて内モンゴルに近い陝西省北部の延安（えんあん）にたどり着き、ここを「陝甘寧辺区（せんかんねいへんく）」と称して新たな拠点とした。中国共産党はのちに瑞金から延安までの移動を「長征」と呼んで神話化したが、実態は惨めな逃避行であった。とりわけ回民の堅固な反共姿勢が中国共産党幹部に深刻な危機感を与え、党勢拡大のためには回民に対する懐柔策が不可欠だと思い知らされ、民族工作の最重点対象となったわけである。

一九三六年五月、中国共産党主席、毛沢東は「中華ソビエト中央政府の回民人民に対する宣言」を発表し、回民に漢人と平等の権利を認め、その宗教信仰と風俗習慣を尊重し、回民自治政府の設立を支援するという工作方針を打ち出した。

　この宣言に基づく第一号事例として、寧夏省南部に「豫海県回民自治政府」が設立された。これは一年足らずで回民軍閥、馬鴻逵に倒されてしまったが、中国共産党史ではいわゆる「民族区域自治政策」の「偉大な実験」の第一歩と位置づけられており、共産党政権成立後に各地に設立された「少数民族自治区」の原型とされている。

「回民人民に対する宣言」とほぼ同時に「回民工作に関する指示」を全軍に発令し、モスクへの駐屯、コーランの毀損、豚の飼育など、イスラームを冒瀆する行為を禁止した。同時に、回民出身の幹部を大量に養成する方針を打ち出した。

　一九三九年、中国共産党は河北省の馬本斎という回民が率いる部隊を「冀中回民支隊」と命名し、「百戦百勝の回民支隊」と盛んに賞揚した。現地の日本軍も注目するところとなり、馬本斎の母親を捕えて息子に投降を促す手紙を書くよう命じたが、母親はハンガーストライキをして絶命した。その後も馬本斎は抗日ゲリラ隊を指揮したが一九四四年に病死した。中国共産党はこのエピソードを「母子二代の抗日英雄譚」として情緒的な美談に仕立て、共産党指導下での漢人と回民の共闘の模範例として宣伝戦に徹底活用した。

一九四一年二月に公布された「陝甘寧辺区各級選挙委員会組織規定」では、選挙の際に人口比で不利な回民を議席で優遇するという政治的譲歩まで盛り込まれている。回民を取り込むのにいかに必死だったかがうかがえる。

■中国共産党は日本の回民政策を取り込んだ

一九四一年四月、『回回民族問題』と題する書籍が「陝甘寧辺区」の首府、延安で出版された。著者名は民族問題研究会編とされていたが、これは中国共産党の西北工作委員会傘下の「回回民族問題研究組」が回民政策を集中的に討議してまとめ上げた党の綱領を一般書として頒布したものだ。

序言では、まっさきに日本のイスラーム工作を取り上げ、「抑漢揚回（漢族を抑え、回民を盛り立て）」「中華各民族を分裂させ、満、蒙、回の分離独立運動、実際には傀儡運動を挑発する」「日寇（にっこう）の離間陰謀である」と糾弾している。中国共産党の回民政策が、何よりもまず日本の回民工作に対するカウンター・インテリジェンスとして発動された背景を反映している。

この文献には、中国回教總聯合会に関して「この組織の一切の活動は、完全に日本人川（マ）

茂秀和特務機関長の指揮下にある」という記述がある。姓を「川茂」と誤記しているものの、当時延安の中国共産党中央が茂川秀和の華北における回民工作について不正確ながら情報を得ていたことがうかがえる。

次に『回回民族問題』は中国国民党に矛先を向け、当時、同党と抗日民族統一戦線を結成している建前から名指しを避け、「漢族大地主・大資産階級及びその代表者」と婉曲に表現しているものの、その回民政策すなわち「回回は一つの民族ではなく、回教を信奉する漢族に過ぎない」というテーゼを「大漢族主義」だと批判する。

「大漢民族主義」は、日本が回民を民族として扱うことで回民の民族意識を刺激し、回漢の民族対立を煽り、団結を分裂させようとする謀略の思う壺ではないかと糾弾し、中国共産党は「回回は一つの民族である」と認めると言い切っている。そして民族平等の原則のもと、抗日に向けて漢族と回族が一致団結すべきだ、と主張する。要するに中国共産党は、回民政策に関しては中国国民党より日本のそれのほうが本質を突いており、回民の支持を獲得するうえで有効であることを見抜き、これを換骨奪胎して自らの政策に取り込んだわけである。

この『回回民族問題』は、日本と中国国民党のイスラーム政策を一刀両断し、自らの正当性を主張するプロパガンダ教本であるが、中国共産党史においては現在でもしばしば引用される基本文献と位置づけられており、戦後も一九五八年と一九八〇年に北京の民族出版社から再刊されている。

■イスラームを制する者が中ソを制する

国共両党の回民政策の相違と帰趨を冷静に見極めていたのは、ほかでもない日本の回民工作担当者だった。

「茂川秀和のイスラーム認識」（一四八頁）の節で紹介した『時局ト回教問題』という冊子は、中国国民党の回民政策は従来の同化政策を踏襲して回民を民族として認めない一方、中国共産党はことさら回民の民族意識を使嗾、挑発し、民心を把握、操縦することを根本方針としており、回民の共産主義に対する嫌悪感、警戒心にもかかわらず、いまや相当の成果を挙げつつあり、その余波は現に日本の占領地区にまで浸透しつつあり、到底座視することができない、と警告を発している。この『時局ト回教問題』の本文執筆者は中国回教總聯合会の首席顧問、三田了一と推定されるが、その懸念は的中し、国共内戦の最終的な勝利者は中国共産党となったのである。

回民軍閥の懐柔に躍起だった中国国民党は破れた。無論これは中国国民党の敗因の一つに過ぎないが、中国の統治をめぐって争う者にとって、イスラーム対策が死活的に重要であったという史実は、こんにちの状況下においても見逃せない要諦である。

更に、中国共産党は、日本のイスラーム政策が単に華北や西北など中国戦線での戦局打開といった戦争遂行上の戦術ではなく、全イスラーム圏を視野に入れた壮大な世界戦略であることをも見抜いていた。

『回回民族問題』の執筆者は、日本帝国主義者の目的は世界ムスリムの覚醒を促し、全イスラーム圏を一つの反共戦線に組織することであると主張し、これが中国共産党、ひいてはその後ろ盾であるソ連にとっていかに危険であるかを強調している。ここに、ソ連の影を見て取ることができる。中央アジアのイスラーム圏を支配するソ連にとってもイスラーム政策は重要課題で、日本のイスラーム政策も重大な関心事となっていたことは疑う余地がない。

日本が東トルキスタンをおさえ、接壌する西トルキスタン、すなわち中央アジアのイスラーム圏にも独立支援工作を展開するようになれば、ソビエト連邦自体が解体の危機に陥る。ソ連と中国共産党は、日本の戦略を叩き潰すべく全力を挙げたであろう。それだけ、日本のイスラーム工作すなわち防共回廊構想は、中ソのアキレス腱を直撃する破壊力を秘めていたのだ。

■「回族」とされた回民の命運——文革の嵐のなかで

一九四九年十月に中華人民共和国が成立すると、回民は少数民族の一つという位置づけとなり「回族」と称されるようになった。しかしそれは回民にとっての幸福を約束するものではなかった。早くも一九五〇年から土地改革運動が吹き荒れ、中国共産党がモスクやゴンバイ(聖墳墓)など信仰関連の土地まで没収を強行しようとしたため、西北各地で回民による反乱が続発した。

一九五七年の反右派闘争では、イスラームの聖職者や信徒が激しい迫害を受けた。獄中の食事としてわざと豚肉を出されたため絶食した者や、信仰否定を言明することを拒否して十年以上唖者を装った者が続出したという。

このときの宗教弾圧のことを張承志は『回教から見た中国』のなかで「回教は回民人民の心である。この簡単な真実を中国共産党に理解させることは、難しいばかりか、非常に長い時間を経ねば不可能であろう」と悲痛な声を上げている。

一九六〇年代の文化大革命期は更に悲惨だった。「宗教を罪名にして回民を逮捕し処刑したり、回民地域で豚を飼うことを強制したりなど、考えられない事態が出現した」という。張承志は「文革から長い時間が経った現在でも、その頃の恐怖感はなお人々の心に残されている」と書いている。「中国で、回民たちに豚を飼わせ、あるいは豚肉を食べさせることは、人間性の邪悪さと残酷さのもっとも顕著な表れと言えよう」という言葉は重い。

一九三九年に得意のアラビア語を駆使してイスラーム圏で反日宣伝活動を繰り広げた馬堅というカイロ留学生がいたことを既に紹介した。馬堅は共産党政権成立後も大陸に残留し、コーランのアラビア語原典からの漢訳『古蘭経』で世界的に評価され、中国におけるイスラーム学、アラビア学の最高権威となり、北京大学教授や全国人民代表大会代表（日本の衆議院議員に相当）などを歴任した。だが、文化大革命中に迫害を受けて左目を失明し、一九七八年八月に亡くなった。馬堅はあと少し生き延びることができれば、少なくとも心安らかに往生することができたかもしれない。

馬堅が憤死した年の十二月に開かれた中国共産党の三中全会（第三回中央委員会全体会議）で、鄧小平の改革・開放路線が確立し、文化大革命の清算が始まると、回民に対する酷薄な政策もようやく見直されるようになった。

一九七九年二月に国務院の民政部（部は日本の省に相当）と国家民族委員会の連名による「回民に火葬を強要してはならないことに関する通知」が発令された。当局からこういう通知が出されるということは、それまで回民に対して火葬が強要されていたということだ。コーランには最後の審判の日、地獄に落とされた者は「ジャハンナムの劫火」で焼かれるという記述が繰り返し出てくるため、ムスリムは火葬を死よりも恐れる。

同年四月には、国務院の商業部と国家民族委員会の連名による「回民と漢族が結婚した後、回民としての生活を望む配偶者やその子女に回民用の副食品を供給する問題に関する通知」が発令された。

コーランには、異教徒の女性はイスラームに改宗しない限りムスリムと結婚できないという規定があり、結婚してできた子供も当然ムスリムとされる。

この通達からは、回民と結婚した漢人配偶者やその子女に対して、ムスリムが忌み嫌う豚肉が食糧として配給されていたことがわかる。一九八〇年代に市場経済が導入される以前の中国では食糧切符による配給制が行われていた。その際にも、回民の信仰心を踏みにじるような心ない応対がまかり通っていたのだろう。

豚肉を忌避する回民に対する漢人の偏見と反感には根の深いものがあり、容易に払拭することはできないようだ。

一九四八年生まれの張承志は「豚肉関連の喧嘩は、たえず回民と漢族の危険な民族紛争の火種になっていた」と証言する。張承志自身も小学校時代に漢族のこどもたちから豚の話でいじめられたこと、そして教師にまで「なぜ豚肉を食べないのか、豚は本当に君たちの先祖だったのか」と真顔で問いつめられ、「その言葉を聞いた瞬間は本当に体が震えた」という体験を告白している。

現在のところ、中国内部で回民と漢人の対立を伝える情報はない。チベット人やウイグル人と違い、回民による分離独立の動きは表面化していない。独自の領域を持たず、「大分散、小集中」と言われるごとく、大海のごとき漢人社会のなかで群島のごとき小社会に分散しているという制約が、独立を非現実的なものにしている。

だが、人種的にも言語的にも漢化しながら、イスラーム信仰という面だけはあくまでも同化を拒否し、独自のアイデンティティを貫いてきた回民という特異な存在に、私は限りない興味を禁じ得ない。

一千万人になんなんとする膨大な人口を擁する回民の、ムスリムとしての強烈なアイデンティティが、もしも国際的なイスラーム復興運動と共振し始めたら、中国という国家はその根底から揺るがざるを得ないだろう。その意味で私は、回民という特異な存在の潜在的意義を早くも戦前に見抜き、陸軍における第一人者として工作全般に采配を揮い、中国側からも一目置かれた茂川秀和の見識と手腕に興味を引かれてやまないのである。

■結ばれた線――子息が語る茂川秀和

茂川秀和が晩年住んでいた東京目黒区自由が丘の旧居を訪ね、そこで手がかりの糸が途切れてしまってから二年ほど経った二〇〇九年七月。私は日本会議神奈川の会合に招かれ、そこで奈良保男（ならやすお）氏と知り合った。その日は時局の話などをして別れたのだが、自宅に帰り奈良氏の名刺を見て、表に「日本陸軍史研究」とあり、裏面に「旧日本陸軍人事・編成等調査」と印刷してあることに気づいた。もしかしたら茂川秀和の調査に関して何か示唆が得られるかもしれないと思い、受話器を取った。

電話に出た奈良氏に、茂川秀和という旧陸軍将校について調べていること、茂川の軍歴、偕行社などでの調査の経過などについて説明し、遺族の連絡先を探す手だてについてアドバイスを求めた。奈良氏は茂川という名に何か思い当たるふしがあるのか、「ちょっと待ってください」といって手元の資料を繰り始めるやいなや、「あっ」と声を上げた。茂川は奈良氏の母校、広島幼年学校の大先輩だという。奈良氏は広幼第四十七期の卒業生で、母校についても研究を重ね、偕行社の機関誌『偕行』に「広幼小史」という連載記事を執筆しているほどの第一人者だったのだ。

　奈良氏は常に手元に資料を整理されているのであろうか、電話をつないだまま広幼出身者の名簿を調べ始め、茂川秀和の子息、茂川和夫（かずお）氏も広幼の出身で、奈良氏の一期先輩の第四十六期生、現在神奈川県横浜市にご健在であることがたちどころに判明した。電話をかけてからものの数分で、何年も調べてたどり着くことができなかった情報のすべてが入手できた。奈良氏というキーマンにめぐり会うことができたのは天の配剤としか思えない。

　茂川和夫氏に手紙を差し上げたところ、すぐにお返事があり、和夫氏は茂川秀和の長男で、次男の敏夫（としお）氏が最期を看取るまで父親と同居していたため、自分よりも事情に詳しいので連絡してみて欲しいという示唆を頂いた。さっそく茂川敏夫氏に連絡したところ、快く迎えて頂くことになった。

　二〇〇九年八月の暑い日の昼下がり、私は茂川秀和の次男、敏夫氏を自宅に訪ねた。敏夫氏は東京目黒区の自由が丘の旧居で父君を看取られたあと、そこからほど近い区内の現住所に移転されていたのだ。当日は、兄上の和夫氏もわざわざ横浜から上京して同席してくださった。

お二人は八十歳前後のはずだが、どう見ても十歳以上若々しく、曖昧なところがない明晰な話をされる兄弟だった。どちらかというと次男の敏夫氏の方が写真で見る父君の面影に似ているように思えた。

茂川秀和は非常に厳格で、畏怖される父親だったようだ。北京での回民工作について家族に一切語ったことがなく、私の取材を受けるまで北京でどんな軍務をこなしていたのかまったく知らなかったという。北京時代の茂川秀和の写真が掲載されている中国回教總聯合会の機関誌『回教月刊』も、今回初めて見たとのことだった。

当方も、貴重な情報が得られたばかりでなく、茂川秀和大佐の遺書と写真、北京軍事法廷での起訴書、判決書の漢語正本の写しなど、重要な資料を見せて頂くことができた。

長男の和夫氏は、広島幼年学校を卒業後、陸軍士官学校に進学して在学中に終戦を迎えた。その間、父君は一貫して大陸に勤務しており、ほとんど顔を合わせる機会がなかった。

昭和８年、天津にて板垣征四郎（前列中央）と茂川秀和（後列右から３人目）。茂川の向かって左隣が影佐禎昭（茂川家所蔵）

　一方、次男の敏夫氏は一九三五年、母と姉とともに父の住む天津に移住した。茂川秀和は満洲事変の直前に関東軍司令部付となっており、以後、満洲で特務工作に携わっていたと思われるが、具体的に満洲のどこでどんな軍務についていたか、いつ頃満洲から天津に移ったかを示す資料は見つかっていない。

　軍歴では一九三六年八月に天津特務機関長が発令されているが、その前年に家族を呼び寄せているのだから天津にはもっと以前から常勤していたことになる。天津では、茂川秀和は日本租界にあった通称「茂川機関」と呼ばれた事務所で執務し、そのすぐ隣に自宅を構えて家族を住まわせていた。敏夫氏はそこで四歳から十歳までの六年間を過した。

敏夫氏は戦後、天津租界時代の体験を綴った「侏儒の時代」（『文藝』昭和三十一年十一月号所収）という短編小説で、河出書房の第六回全国学生小説コンクールで当選作に選ばれた。選者の三島由紀夫は「候補作品の中でサイド・ラインを引きたくなったのはこの一篇だけです」と絶賛している。

　敏夫氏の記憶によれば、職住近接にもかかわらず、父君は一ヶ月も帰宅しないことがざらだったという。そして家族の誘拐を警戒していたのか、シェパードの軍用犬を二匹も飼っていたという。

　敏夫氏は父君から、あるとき天津の駅頭で逮捕された中国人の刺客が「茂川、×時×分着」と書いたメモをポケットにしのばせていたという話を聞かされたことがあるそうだ。「侏儒の時代」にも、上着の腰のあたりを膨らませて拳銃のサックを見え隠れさせている父親の姿が描かれている。

　一九三七年の盧溝橋事件の勃発以降、茂川秀和は北京に拠点を移して中国回教總聯合会の運営に関わるようになるが、家族は引き続き天津に住まわせていた。だが、中国共産党の地下組織が華北各地にも次第に浸透し始め、治安状況は急速に悪化した。

　一九四〇年頃、北京で日本の将校が白昼暗殺されるという事件が起きた。憲兵隊は華北の中国人社会に独自のネットワークを有していた茂川機関に捜査への協力を依頼した。茂川が山東省の済南へ内偵に赴くと、将校暗殺事件の刺客と目される中国人が茂川に気づいて銃撃戦となった。茂川は刺客を首尾よく拘束し、憲兵隊に引き渡したものの、捕まえた刺客の侠気に感服し、残された家族に生活費を支給したという。

一九四一年三月、大東亜戦争が勃発する九ヶ月前に茂川は家族全員を日本に帰国させた。しかし一九四三年に京都府立第一高等女学校を卒業した長女を女子軍属として呼び寄せ、終戦まで北京の回民居住区にあった「茂川公館」に住まわせ、秘書として仕事を手伝わせていたという。戦時下にもかかわらず最愛の娘を呼び寄せたということは、北京の治安状況の掌握に自信があったのだろう。

小村不二男の『日本イスラーム史』の四八四頁に「茂川機関長と令嬢（昭和十九年）」というキャプションで支那服姿の茂川父娘の写真が掲載されている。敏夫氏の姉、茂川淑子に間違いないという。姉君は敗戦で帰国してから間もない一九四八年、父の帰国にまみえることなく、結核で短い生涯を閉じた。

■『肉体の悪魔』と『棗の木の下』の舞台

茂川敏夫氏によると、日本が敗戦した直後、北京の茂川秀和のもとに山西軍閥の閻錫山から密使が来訪し、来るべき中国共産党との内戦に協力して欲しいと打診されたという。なぜ突然、閻錫山がここに登場してくるのか。

防衛庁防衛研修所戦史室編『戦史叢書　北支の治安戦〈2〉』（朝雲新聞社、一九七一年）に、山西省太原の閻錫山弁事処の隣に茂川公館〔北支那方面軍第二課参謀茂川秀和中佐（三十期）の工作事務所〕があり、閻錫山とのあいだに絶えず無電連絡や使者の往来が行われていたという記述がある。

閻錫山は字を伯川と言い、明治時代に日本の陸軍士官学校に留学した古参の軍閥である。故郷の山西省を根拠地として独自の勢力圏を築き「山西モンロー主義」と号した。それを可能にしたのは全省炭田と言われたほど豊富な石炭資源であった。

茂川秀和は北京での回民工作のかたわら、一九四一年から一年間、山西省で「対伯工作」と言われた閻錫山に対する招撫工作にも関与していたのだ。その結果、一九四一年九月に日本軍と閻錫山軍とのあいだで停戦協定が結ばれた。そして翌年五月、第一軍司令官、岩松義雄中将と閻錫山との首脳会談が行われた。岩松中将は閻錫山に対して蔣介石へ反旗を翻（ひるがえ）すよう「大英断」を迫ったが、協議は不調に終わり、停戦協定も破棄されたため、茂川は工作を切り上げて北京に帰還した。

敏夫氏によると、当時の茂川の部下の一人に洲之内徹（すのうちとおる）がいたという。洲之内は戦後、小説家、銀座「現代画廊」主人、美術エッセイストとして著名になった。愛媛県松山の出身で茂川と同郷である。

洲之内はプロレタリア運動に参加して二度検挙され、転向して陸軍の宣撫官に応募し、一九三八年に軍属として北支へ派遣された。洲之内は「銃について」というエッセイ（『帰りたい風景　気まぐれ美術館』新潮社、一九八〇年に所収）で、北京の北支那方面軍参謀部第二課、そして山西省太原の第一軍司令部で対中国共産党の防諜工作に従事したという軍属時代の経歴を明らかにしている。

当時、山西省には田村泰次郎（たむらたいじろう）も従軍しており、そこで洲之内と出会っている。中国共産党の本拠地、延安が位置する陝西省に接壌し、防共の最前線である山西省には、洲之内のような転向者や田村のような若手作家が宣撫要員として多数送り込まれていたのである。田村の『肉体の悪魔』と洲之内の『棗の木の下』は、いずれも山西省太原での戦争体験が題材となっている。

芥川賞候補になった『棗の木の下』（『洲之内徹文学集成』月曜社、二〇〇八年に所収）には次のような場面がある。

「要するに結論はどうなんだ、先に結論を言え」

と、野島の報告を聞きながら、主任参謀は苛立ってきて、よく彼を中途で遮（さえぎ）った。

「よし、それはわかった」

作中の特務機関員「野島」は洲之内自身がモデルである。茂川敏夫氏によると父君は非常にせっかちな性格で、「結論はなんだ、結論を言え」というのが口癖だったたという。洲之内徹の戦争文学五作品はいずれも自分自身をモデルとする特務機関員が主人公とされており、上官や同僚の軍人を否定的に描いたものが多い。しかし茂川秀和を彷彿（ほうふつ）とさせる主任参謀が登場するのは『棗の木の下』のこの場面が唯一の例だ。しかも洲之内が茂川秀和の次男、敏夫氏に献呈した単行本『棗の木の下』（現代書房、一九六六年）ではこのくだりが削除されている。

洲之内徹は作品を発表した後も改稿を繰り返すことで知られているが、創作の対象に含めるか否かで揺らぐほど、かつての上官だった茂川秀和に対する洲之内の想いはほかの上官たちに対するそれとは違う格別なものがあったのかもしれない。洲之内は茂川秀和の次男、敏夫氏の才能を認めて、文学サークルの同人として温かく迎えている。

■北京収容所

戦争が終結すると、閻錫山は北支那方面軍第一軍司令官だった澄田睞四郎（すみたらいしろう）中将に中国共産党との内戦に協力するよう働きかけた。この結果、残留将兵約二千六百名が戦闘員として閻錫山軍に編入され、終戦後四年にわたって中国の国共内戦に参加した。これがいわゆる「山西省日本軍残留問題」で、多くの書籍や『蟻の兵隊』というドキュメンタリー映画の題材にもなっている。

閻錫山は「対伯工作」の連絡将校だった茂川秀和を見込んでわざわざ北京に密使を派遣し協力を要請したわけだが、茂川はこれを断っている。そして娘だけを日本に帰国させ、自らは逃げも隠れもせず、北京に留まった。

重慶軍が北京に入城すると、茂川秀和は名簿のトップにあったのか、真っ先に逮捕された。それまで茂川機関で働いていた部下の中国人が国民党将校の軍服を着て現れたが、茂川はあらかじめこのことを予期していたのか、「この国の人々は昔からこうやって生き抜いてきたんだ」と笑って縛(ばく)についたという。茂川は、北京の西四北大街という通りの付近の石牌胡同(フートン)という路地にあった「第十一戦区戦犯審判軍事法廷拘留所」に収監された。

毎日新聞記者で、リンドバーグの『翼よ、あれがパリの灯だ』やパール・バックの『大地』の名翻訳者として知られる佐藤亮一(さとうりょういち)も同じ拘留所に入れられた。佐藤は戦後、『北京収容所』（河出書房、一九六三年）という手記を出し、夏の酷暑、冬の極寒、不衛生な獄舎、糞尿の臭気、ウジ虫や鼠(ねずみ)の糞が混じり犬猫も顔を背ける酷い食事、理不尽な取り調べや看守による暴力などの実態を生々しく描き出している。

小村不二男は『日本イスラーム史』のなかで、その後の茂川について「北京軍事法廷で無期となり、その後に減刑があって、実刑数年の服役で日本に生還できた」と記しているが、これには重大な事実の相違がある。最初に下されたのは死刑判決だったのだ。

佐藤亮一は『北京収容所』のなかで、「昭和二十二年七月五日今日の判決森川秀夫(もりかわひでお)大佐（方面軍司令部付・五十三歳・愛媛県）死刑（準備戦争逮捕酷刑）、軍人に戦争をしてはいけないということだ」と書いている。佐藤は同房の日本人をすべて変名で書いており、「森川秀夫」は茂川秀和のことである。

この件に関しては、茂川家に保管されている軍事法廷に提出した被告人身上書の写しによって確認できる。

茂川秀和は一九四六年二月一日に逮捕され、六月二十四日にたった一度だけ尋問を受けただけで翌一九四七年二月二十九日に起訴され、公判は六月二十八日にただ一度しか開廷されないまま、そのわずか一週間後の七月五日に「侵略戦争を支持した罪」により死刑という極刑判決が下されている。はじめから殺すことが目的の、まさに即断即決のおざなりな裁判であった。

このとき茂川秀和が獄中でしたためた「昭和二十二年（一九四七年）九月下旬」付の自筆の遺書が遺されている。宛先は「拘留所同室ノ皆様連絡班ノ皆様」となっている。まず、遺品として起訴書一通、判決書一通、句帳（小型）一冊、子供達ノ写真などを挙げ、郷里の妻に届けて欲しいと託している。遺骨については「何レトモ都合宜敷様御取計被下度。御任セス」とある。そして最後に「他ニ格別遺言スベキコト無シ。皆々様、有難ウゴザイマシタ」という言葉とともに辞世の句が掲げられている。

一點の雲なし今日の秋の空

　　気は澄みて北平の碧き碧き空

「北京秋天」と詠われるごとき、からりと冴え渡った透明感のようなものが感じられて不可思議である。抜けるような紺碧の虚空に、深い諦観を投影したかったのだろうか。

■覆った死刑判決

ところがその約三ヶ月後の十月二十一日、なぜか突然、判決書を取り上げられ、二度と返却してもらえなかった。それゆえ初審の判決書は今も閲覧することはできない。

　そして翌月十五日から突然、再審が始まり、同月二十二日に改めて無期の判決が下されているのだ。もし刑が執行されていたら……。まさに間一髪のところであった。

　外務省外交史料館には「外地における本邦人の軍事裁判関係」というファイルがあり、その「中国の部」の「判決文」綴のなかに「中華民国三十六年（一九四七年）十一月二十二日」付の茂川秀和に関する再審判決文「保定綏靖公署審判戦犯軍事法廷判決民国三十六年度覆字第二十七号」の邦訳が所蔵されている。漢語正本の写しは茂川家が保管している。

再審判決文は「右被告は侵略戦争を支持する等の罪により国防部より再審のため返戻あり本法廷は左の通り判決する」と始まり、主文「茂川秀和は連続共同して非軍人に対し酷刑を施したるにより無期徒刑に処する。侵略戦争を支持せる部分は無罪とする」となっている。死刑とされた罪は一転、無罪となったのである。

判決理由を見てみると、当初の死刑判決の罪状である「侵略戦争を支持する等の罪」に関して、国防部から「中華侵略戦争を支持せる罪を構成するものとは致し難い」という電命指示があったことが書かれている。

そして驚くべきなのは、判決理由に「本件被告はその地位大佐に過ぎず、そのなせる工作は和平を倡導（しょうどう）し、情報を蒐集（しゅうしゅう）すること等に外ならず」と書かれていることだ。

当時の蔣介石政権の国防部長は回民の白崇禧である。茂川に対する初審の死刑判決が国防部からの電命指示によってわずか四ヶ月で覆されたこと、そして再審判決文に、茂川の工作は「和平を倡導」するものだったと明記されたという異例の事態は、小村が『日本イスラーム史』で書いている通り、北京の回民たちが同じ回民である白崇禧に連署で茂川の助命嘆願書を呈上したという記述を裏づけるものだと言えよう。

当時、既に漢奸（日本に協力した売国的漢人）裁判が始まっており、旧日本軍の軍人を下手に庇えば自分自身が「回奸」（日本に協力した売国的回教徒）として逮捕処刑される危険があったにもかかわらず、あえてそのリスクを冒してまで茂川の助命を嘆願した北京の回民たちの誠意と勇気を厳粛に受け止めたい。

そして回民たちが命懸けで訴えた、茂川の工作は「和平を倡導」するものだったという事実は、復讐心に燃える中国の軍事法廷でさえ認めざるを得なかったのだ。

しかし、さすがに旧日本軍の特務機関長を無罪放免できるような時代の空気ではなかったのであろう。「連続共同して非軍人に対し酷刑を施した」「共同正犯人」なる罪で無期徒刑の判決が下されている。

これは一九四一年とその翌年に、茂川機関の天津支部の毛利兼雄という日本人軍属が中国国民党の地下工作員ら三名を拷問したという別の事案の監督責任を問われたものである。「証拠」は被害者とされる中国人の証言のみである。

本件については、そもそも茂川秀和に対する起訴状には一言も記載がない（これは茂川家が保管している民国三十六年〔一九四七年〕二月二十九日付の検察官起訴書の漢語正本の写しで確認できる）。にもかかわらず、判決文に突然罪状として出てくる。

茂川は一貫してこの罪状を否認している。茂川は北京以外に、天津、山東省の済南、河南省の開封、山西省の太原に公館を持っていた。毛利兼雄の事案の発生した一九四一年から四二年にかけてはまさに「対伯工作」の時期であり、茂川は太原に勤務していた。天津支部の責任者は諏訪部某という日本人軍属だったが、敗戦後いち早く帰国してしまい、罪を逃れていた。

この点に関しては判決文も「被告が直接命令を下したとの事実を証明することは出来ない」と認めている。だが、「天津に居らなかったからとの口實を以て刑罰を受ける責任を免れることは出来ない」などという、まさに司法判断以前のこじつけで意図的に冤罪を立件し、無期徒刑の判決を下したのである。再審の公判もたった一度しか開廷されていない。実に杜撰極まりない裁判だったとしか言いようがない。

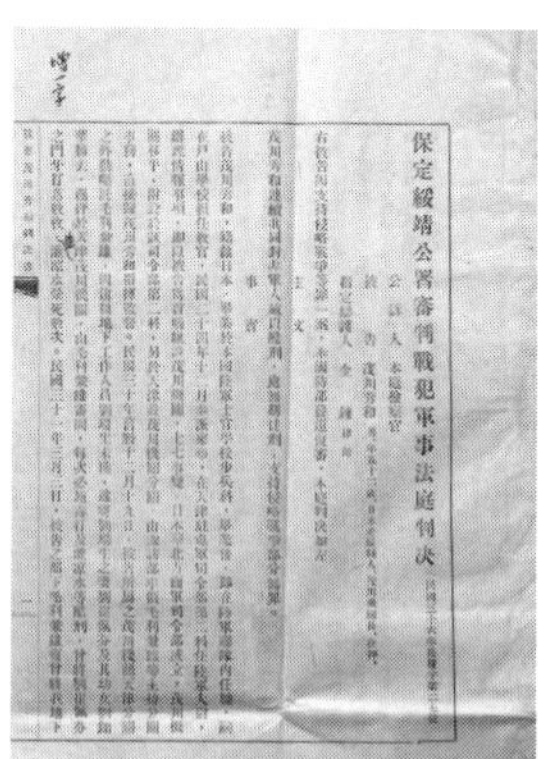
保定綏靖公署審判戰犯軍事法庭判決

主文

事實

「侵略戦争に関しては茂川は無罪」とした、戦犯軍事法廷の判決書（茂川家所蔵）

毛利兼雄自身も「この事件に何等の関係もない元の機関長までにも波及させて無期をおし付けました」と証言している（伊藤隆編『「戦犯者」を救え　笹川良一と東京裁判②』中央公論新社、二〇〇八年）。

茂川は北京の監獄に収監されたが、国共内戦が激化し危険が迫ったため、一九四八年四月に上海の監獄に移送された。翌一九四九年、敗色濃厚となった蔣介石政権は拘禁中の日本人戦犯の身柄を在日米軍に委譲したため、同年二月、茂川秀和らは上海から横浜に送致され、巣鴨拘置所に収監された。

そして一九五二年八月五日、日本と中華民国が締結した日華平和条約の発効を見てようやく釈放されたのである。北京で逮捕されて以来七年の歳月が流れていた。その間に北京で困難な任務をともにした娘は既に世を去っていた。

■茂川秀和の戦後

ようやく普通の市民としての生活を取り戻した茂川秀和の自宅には、様々な背景の人物が訪れた。占領期間中に暗躍した米国の特務機関として有名なキャノン機関からも接触があったが、茂川は協力を断ったという。日本の諜報関係者の来訪もあったようだ。

釈放されてから四年後の一九五六年、茂川秀和は初めて「中華人民共和国」を訪問する。これは戦後、親北京派となって「赤の将軍」などと批判された元陸軍中将、遠藤三郎(えんどうさぶろう)が組成した「元軍人訪中団」に参加したものである。

一九五六年、元軍人による訪中団の一員として、茂川秀和は中華人民共和国を訪問。九月四日に北京で毛沢東と会見した（茂川家所蔵）

この訪中団は、中国共産党とのコネクションを持っていた遠藤三郎宛に中国外交学会が招聘を申し出てきたもので、往復の航空運賃や現地滞在費などの費用はすべて中国共産党側が負担するという破格の条件だった。

当時の日本は鳩山一郎（はとやまいちろう）政権の時代で、保守合同により自由民主党が結党したばかりだった。中国共産党から旧帝国軍人に対して招待があったことに対し、自民党内から懸念の声が上がった。岸信介（きしのぶすけ）幹事長から対応を一任された中曾根康弘（なかそねやすひろ）副幹事長は、メンバーの人選を吟味し、人数を当初予定の半分の十五名に削減したうえで承認した。茂川秀和は陸士三十期同期生の推薦という形で選に入っている。肩書は元陸軍大佐、雑誌『中国展望』社相談役となっている。

東京の東洋文庫に訪中元軍人団世話人会による『元軍人団の中国訪問記』という藁半紙にガリ版刷りの冊子が保存されている。それによると一行は八月九日に羽田を発ち、香港、広州を経由して北京に入り、十九日に中南海の紫光閣で国務院総理周恩来と会見している。

子息の敏夫氏によると、茂川が流暢な北京語で話しかけると、周恩来は「あなたの北京語は私よりうまい」と言ったそうだ。周恩来は江蘇省出身のため、北京語特有の巻舌音が発音できなかったのだ。

そのあと、旧満洲の瀋陽（旧奉天）、長春（旧新京）、鞍山、旅順、大連をめぐり、再び北京に戻り、九月四日の夜八時から中南海の勤政殿で中国共産党主席、毛沢東と会見した。会見場所は一九三八年に中国回教總聯合会の成立大会が開催された懐仁堂ではなかった。小村不二男の『日本イスラーム史』四四七頁に掲載されている、茂川と毛沢東が握手している写真はこのとき撮影されたもので、原版はいまでも茂川家が所有しているが、同書のキャプション「北京懐仁堂にて昭和三十三年」とあるのは間違いで、正しくは「北京勤政殿にて昭和三十一年」である。敏夫氏によると、茂川秀和はかつて生死を賭けて戦った敵の領袖、毛沢東と会ったときはさすがに興奮して、何を話したか覚えていないと帰国後語っていたそうだ。

一行は更に蘭州、武漢、南京、上海を経て九月十五日に香港から羽田に帰国した。一ヶ月以上にわたる長旅だった。

■「高を括っていたらとんでもないことになる」

『元軍人団の中国訪問記』には、茂川秀和の報告文も収録されている。帰国後、「大陸はよくなっていたか」と質問されたことに触れ、次のように書いている。

日本と中共とは異なった歩みを辿っている。従って好い悪いの定義？も一様ではない。中国は社会主義（周総理は高度社会主義を目指して…と言った）共産主義を理想として着々これが施政を遂行している。日本は世界自由主義陣営に属し且つ資本主義形態中に育っている。ここに於いてか、私の答は二つに分けられねばならない。

一つ　社会主義、共産主義を念願する人々にとっては、大陸は幸福の道（即ち好い方向）を辿っている。

一つ　自由主義を念願する人々にとっては現況の如き大陸には住み難い（即ち所謂人

間らしい幸福に反する）道を辿っている。

茂川がこれを書いた一九五六年といえば、まだ反右派闘争が始まる前だ。その時点で「人間らしい幸福に反する道を辿っている」といい切っているところは、さすがに中国社会の裏表を知り尽くした茂川ならではである。また、中国共産党が今回破格の条件で旧帝国軍人を招待した狙いについて、次のように分析している。

中共は現在本気で日中友好国交回復を望んでいる。これに対する私見

a．一（ひ）と先（ま）ず額面通り素直に受けとるべきである。

b．然しこれが実施に当たっては常に用心深くあらねばならぬ。何故ならば中共は強度の統制国家である。為政者の考えによって何時でも、どんなにでも、直ちに、政策を変更し且つそれを実施に移せる国柄であるから

一、大陸研究の緊急必要性

『歴史深い隣邦であり、同文同種である』などと高を括っていたらとんでもないことになる。現在の大陸は全くの異国である。然もグングン変わりつつある。更に社会主義

的経済建設面に於て若干年後には驚嘆すべき発展段階に達する……と察せられる中華人民共和国である。幸にして彼らは現在本気で手を差し伸べている。能う限りの機会を捉え且つ来往を繁くして彼等実態の究明に当たらねばならない。

中国が得意とする微笑外交に関して、茂川の「常に用心深くあらねばならぬ」「高を括っていたらとんでもないことになる」という指摘は、今日においても至言である。

北京での自由時間に、茂川はかつて収監されていた軍事法廷の拘留所を再訪している。その写真を貼ったアルバムの台紙に茂川は「生死一九四七年七月五日（死刑宣告）忘れることは出来ない」と書きつけている。

翌一九五七年、茂川秀和は再び中国を訪れている。こんどは元軍人団とは別のルートで、再訪に至った経緯や現地での行動など詳細は謎に包まれている。このときの茂川の訪中が十年後、とんでもない波紋を生んだ。

■永遠の沈黙

文化大革命のさなかの一九六七年、長野県の芯華貿易という友好商社の経営者、柿崎進とその娘が深圳で中国官憲に逮捕され、天津に連行された。友好商社というのは日中国交正常化前の時代、中国当局からライセンスを得て広州交易会に参加を許されていた朝貢専業の商社である。

柿崎父娘は天津革命委員会の人民法廷に引き出されたが、罪状を教えてもらえず、質問も許されないまま、「罪を告白しろ」と執拗に責め立てられた。拘禁は四年三ヶ月に及び、結局意味不明のまま、国外追放処分になって生還を果たした。その不条理な日々を綴った手記『「天津監獄」一五三二日　日本人・父と娘の手記』（現代企画室、一九七六年）は、まさにカフカの『審判』を思わせる。

柿崎進は法廷で「松山和を知っているか」と尋ねられた。それは茂川秀和が戦前、天津で使っていた偽名であった。柿崎は東京外語支那語科で茂川の後輩にあたり、剣道や囲碁といった趣味を同じくしていた。茂川から北京で回民工作を手伝うよう誘われたが断っている。戦後、茂川が巣鴨から釈放されたあと、しばしば自宅を訪ねて囲碁をする仲だった。

柿崎は一九五八年に訪中した際、東京外語の同級生だった桑原寿二から封筒を託され、それを北京に住む臧鎧という人物に渡していた。桑原寿二は戦前、満洲の協和会や北京の

1935年１月、陸軍大臣官邸を表敬訪問した満洲国民政部総長の臧式毅。（前列右から５人目）。左隣には林銑十郎陸軍大臣。茂川秀和は最後列左から２人目（茂川家所蔵）

新民会に関係し、戦後は綜合研究所中国部長、産經新聞「正論」メンバーを歴任した著名な中共ウオッチャーである。一方、臧鎧は奉天省長、満洲国政府の民政部総長（閣僚に相当）などを歴任し、一時は国務院総理にも取りざたされた満洲政界の大物、臧式毅の息子である。

茂川家には、民政部総長時代の臧式毅が一九三五年一月に来日し、陸軍大臣官邸を表敬訪問したときの集合写真が保管されている。臧式毅の隣に座っているのは林銑十郎陸軍大臣である。最後列左から二人目に茂川秀和も写っている。当時、陸軍大臣秘書官だった有末精三の『有末精三回顧録』（芙蓉書房、一九七四年）によると、茂川（当時大尉）は、林銑十郎陸軍大臣の下で大臣秘書官室に配属されていたという。茂川もまた、林銑十郎に見いだされた人材だったのである。

戦後、臧式毅はソ連に逮捕されて中国共産党に引き渡され、一九五六年十一月に撫順（ぶじゅん）の戦犯拘置所で獄中死した。その翌年、茂川秀和は戦後二回目の訪中をしている。このとき、桑原寿二が同行しており、茂川と桑原が北京で臧式毅の息子、臧鎧と会ったことを柿崎進は手記で明らかにしている（柿崎は茂川秀和を「茂山」、桑原寿二を「桑畑」と変名で表記している）。茂川家には、羽田空港を出発する際の茂川と桑原の写真が残っている。

そしてその翌年の一九五八年、訪中した柿崎に桑原が臧鎧へのことづてを頼んだことが、九年後の柿崎父娘の逮捕劇につながったのかもしれない。

桑原が柿崎に託した封筒の中身はなんだったのか。茂川秀和、桑原寿二、臧鎧のあいだでどんな計画が進行していたのか。そのすべては予想外の事態で突然凍結されてしまった。

茂川秀和は一九五七年、渡航先の北京のホテルで突然倒れ、かろうじて帰国した数ヶ月後に脳溢血で昏倒してしまったからだ。以後、一九七七年に亡くなるまでの二十年間、話すことも、筆談することもできない寝たきりの状態のまま、茂川秀和はその謎に満ちた生涯を自宅の畳のうえで終えた。

大陸との宿縁を復活させた茂川は、中国でどんな活動を展開しようとしていたのか。一切は、永遠の沈黙の内に封印されたのである。

第三章

機密公電が明かす地政学戦略——ウイグル

■たどり着けなかった地——東トルキスタン独立運動の源流

漢人支配下に懊悩する諸民族の独立を支援し、反共親日国家群を次々と樹立していくことでソ連共産主義の南下を阻止しようとした気宇壮大な地政学的戦略、防共回廊構想。

その究極の要である「新疆」すなわち東トルキスタンへは、日本はついに到達することができなかった。多くの特務機関員が潜入を果たそうと試みながら果たせず、任務の途中で消息を絶ち、帰還しなかった者も少なくない。戦前日本のインテリジェンス関係者にとって、神秘の帷に閉ざされた垂涎の地は、当時どのような状況になっていたのか。

一九三〇年代、「新疆省」では、当時「迪化」と漢語で命名されていた省都ウルムチに君臨する金樹仁という漢人主席による苛斂誅求にウイグル人の不満が沸騰し、各地で反乱が頻発していた。

折しも世界的に著名なスウェーデンの探検家スヴェン・ヘディンが現地に滞在しており、『馬仲英の逃亡』『シルクロード』『さまよえる湖』（中公文庫）の三部作に貴重な歴史的証言を書き記している。

一九三一年、金樹仁が東トルキスタン東部の小藩王国コムル（漢語名「哈密」）の藩王制を廃止して郡県制に組み入れ、王宮や市街を略奪した。ヘディンは破壊された無惨なコム

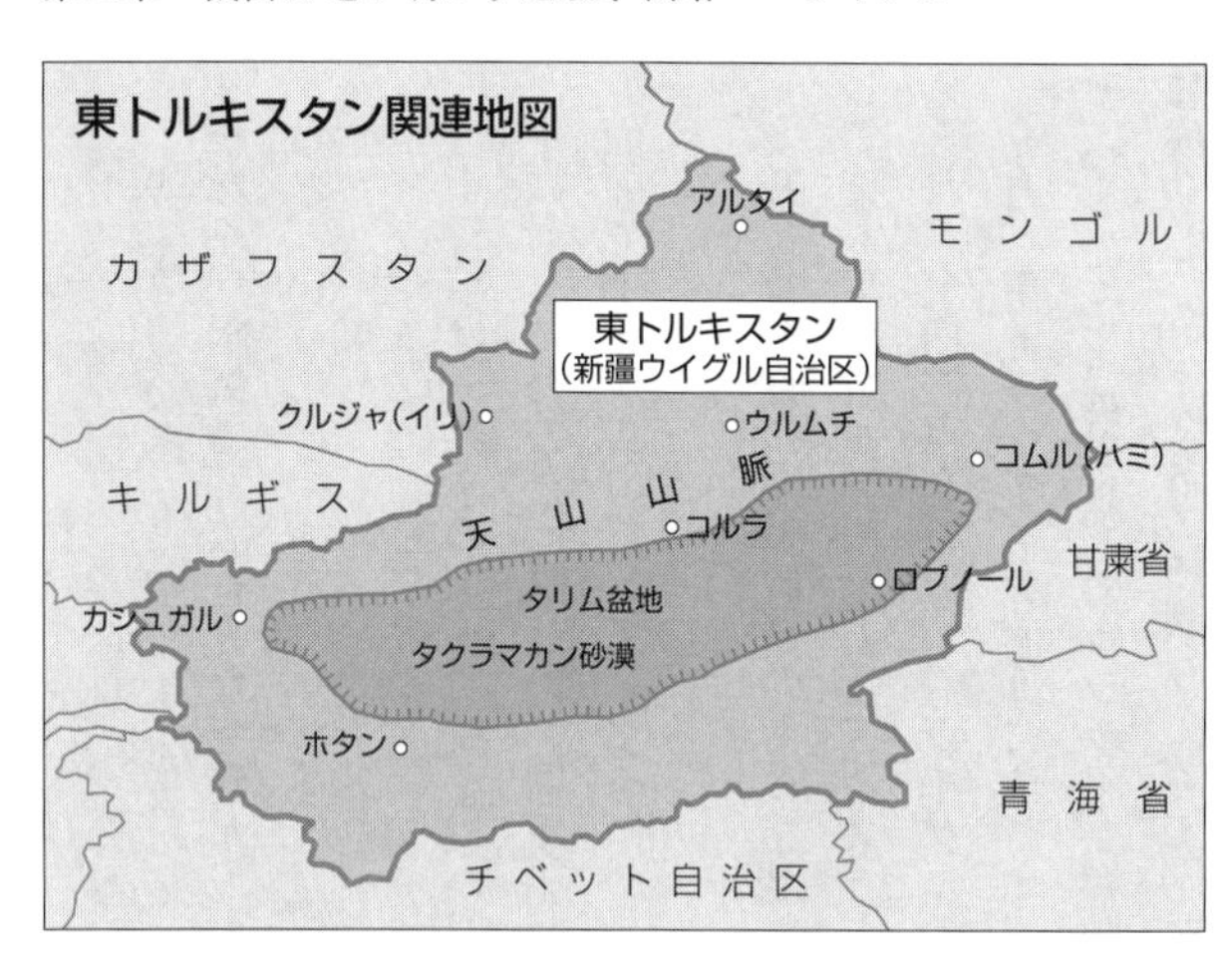

ル市街の写真を著書に掲載し、金樹仁を「人間の形をした悪魔」と非難している。
　金樹仁の暴政に対し、コムル藩王の腹心だったホジャ・ニヤズが反乱を起こした。金樹仁軍に弾圧され窮地に陥ったホジャ・ニヤズは、民族は違えど同じムスリムである「東干族（ドンガン）」の馬仲英に救援を求めた。東干族とは甘粛省、寧夏省、青海省など西北地方に居住する回民のことで、中国共産党支配下では「回族」という民族分類に組み入れられている。
　馬仲英は甘粛省に生まれ、十七歳で挙兵して急速に頭角を現した若き軍閥である。ヘディンは『馬仲英の逃亡』の主人公に直接相まみえることはなかったが、その風貌に関する風評をこう書き記している。

馬は好男子で、おまけに格好のいい痩身長軀で、物わかりがよく、才能があり抜目がなく、陽気で冗談好きな男だが、一方、でたらめで無作法な人間のような印象を与えると、いうことである。

馬将軍は一兵卒のように銃を扱い、また兵隊と一緒によくフット・ボールをやる。部下に対してはひどく厳しい。罪を犯したり人民を虐待したりした兵士は整列した部隊の面前で手ずから射殺してしまう。

まるで若き日の織田信長のような風雲児である。馬仲英はホジャ・ニヤズの要請に呼応して東トルキスタンに侵入し、イスラームの英雄としてウイグル人たちから歓呼の声で迎えられ、金樹仁軍を撃退し、ウイグルの危機を救うと潔く故郷へ兵を引いた。

一方、東トルキスタン南部に位置するシルクロードのオアシス都市ホタンでは、メドレセ（イスラーム神学校）のウラマー（導師）だったムハンマド・イミン・ボグラが武装蜂起に成功し、「ホタン・イスラーム王国」の樹立を宣言し、「アミール（首長）」に推戴された。

ウイグル人の名前は日本人になじみがないが、このムハンマド・イミン・ボグラは後世まで重要な役割を果たし、我が国とも深い関わりがあった人物なので、ぜひ記憶に留めおかれたい。

ホタン・イスラーム王国は青天星月旗を国旗と制定し、イスラーム暦を採用し、行政機構名をすべてアラビア語表記に改称した。その支配領域は、ホタンからチャルチャン（漢語名「且末」）、チャルクリク（漢語名「若羌」）まで、西域南路全域に及ぶ広大なものだったという。

ムハンマド・イミン・ボグラの同志サビド・ダームッラーは、コムルで反乱を起こしたホジャ・ニヤズの軍勢と合流し、ここにウイグルの二大勢力は大同団結を果たすことに成功した。ウイグル連合軍は東トルキスタン西部の一大中心都市、ウイグルの旧都とも言うべきカシュガルを急襲した。カシュガルを統治していた行政長官金樹智（きんじゅち）（新疆省主席金樹仁の弟）は自殺に追い込まれた。

■「東トルキスタン・イスラーム共和国」の誕生と崩壊

一九三三年十一月十二日、ウイグル人はカシュガルで東トルキスタン・イスラーム共和国の独立を晴れやかに宣言、青天星月旗が翩翻と翻る蒼穹に、祝意を告げる号砲が殷々と轟いた。ウイグル人の二大勢力を代表してホジャ・ニヤズが大統領に、サビド・ダームッラーが総理大臣に就任、天山山脈に谺する歓呼の声に迎えられた。新政府は憲法を発布してイスラームを国教とし、シャリーアを基本法と定め、独自の通貨を発行した。

そして当時カシュガルにあった英国領事館、さらに英領インド、アフガニスタン、イランなど近隣イスラーム圏に外交使節を派遣して、新国家の承認を求めた。前年に達成されていた満洲国の独立と、その思想的前提であるヴェルサイユ条約以来の民族自決主義の潮流が、ウイグル人たちの意気を軒昂なものにしていた。

だが、中華民国はもちろん、英ソ二大覇権国もまた、ウイグル民族主義の勃興を苦々しい思いで見つめていた。当時、満洲建国をめぐって日本の大陸政策を難詰し、蔣介石政権に肩入れしていた英国は、東トルキスタン・イスラーム共和国の承認を拒否した。

ソ連の反応については、中国共産党の文献『中国新疆　歴史与現状』（厲声主編、新疆人民出版社、二〇〇三年）に興味深い記述がある。アフガニスタンに派遣された東トルキスタン・イスラーム共和国の使節団がカブールの日本公使館と極秘に接触したため、ソ連が危機感を抱いた。もし東トルキスタンが第二、第三の「満洲国」になれば、バクーの油田地帯が日本の爆撃機の射程内に入ってしまう。ソ連はそれを警戒したというのだ。

中央アジアでグレート・ゲームを演じてきた英ソ二大覇権国がともに、新たなゲームのプレイヤーである日本の台頭を嫌悪していた。

アフガニスタンのザヒル・シャー国王は正式承認こそ見送ったものの、東トルキスタン・イスラーム共和国大統領に祝電を送って同情と支持を公式に表明した。当時アフガニスタンは三次にわたった英国との戦争の結果、ようやく独立を果たしたばかりである一方、イスラーム護教の立場からソ連共産主義の南下にも脅威を感じていた。東トルキスタン・イスラーム共和国の使節団がアフガニスタンで日本と接触したのは地政学的に極めて重要な意味を持っていた。

ムハンマド・イミン・ボグラ（『回教世界』第3巻第2号、昭和16年）

一方、中華民国内部では、事態を防げず無能を曝(さら)け出した新疆省主席、金樹仁が失脚し、その部下だった盛世才が辺防督弁に就任して軍権を掌握した。

盛世才は一八九七年、中国東北部に生まれ、日本の明治大学と陸軍大学校に留学した経験があるが、徹底した反日となって帰国した。運命の変転と言うべきか、東トルキスタンの地に流れ着いて頭角を現した盛世才は、ソ連の支援をバックに実権を掌握し、ついには新疆省主席に就任して半独立的な地方軍閥として君臨し、「新疆王」と呼ばれるまでに成り上がった。

ここに馬仲英が再び登場する。コムルの反乱の際にウイグル人の救世主となった風雲児が突然、東トルキスタンに再び侵入した。但し今度はウイグル人を救うためではなく、征服するためだった。気まぐれで、直情径行なところも信長に似ている。

自ら東トルキスタンの新たな支配者たらんとする野心をあらわにした馬仲英はカシュガルに侵攻、東トルキスタン・イスラーム共和国はあえなく崩壊し、大統領ホジャ・ニヤズと総理大臣サビド・ダームッラーは敗走した。続いてホタン・イスラーム王国も馬仲英軍に攻撃されて崩壊、アミールのムハンマド・イミン・ボグラは英領インドのカシミール地方に亡命した。

■ウイグル人による独立国家の意義

勢いを得た馬仲英は迪化すなわちウルムチを包囲した。窮地に陥った「新疆王」盛世才がソ連に救援を求めたため、馬仲英は一転してソ連の爆撃機に追われる立場となった。

折しもコルラ（二一三頁地図参照）に滞在していたスヴェン・ヘディンの探検隊がこの争乱に巻き込まれ、敗走する馬仲英軍に一時拘束され、トラックを徴発されて足止めを食らい、一時は殺されかける憂き目に遭った。だが当時の日本はヘディンの動きを警戒する立場だったから別に同情するにはあたらない。

ヘディンのスポンサーは蔣介石政権だったのだ。ヘディン自身の探検の目的は「さまよえる湖」ロプ・ノールを見つけることだったが、重慶から支度金を与えられた見返りに、東トルキスタンでソ連方面からの援蔣ルートを開拓するという密命も帯びていたのだ。

ヘディンの一行は馬仲英軍に阻まれて天山南路の半ばに位置するクチャ以西に進むことができず、それをむしろ奇貨として援蔣ルート開拓の任務を放棄し、進路を東に転じたおかげで念願のロプ・ノールを再発見することができたのだから皮肉である。

ところで、馬仲英の軍勢には、中国名「于華亭（うかてい）」を名乗る大西忠（おおにしただし）という日本人が従軍していた。大西は謎の人物で経歴も生没年も不詳であるが、暗号解読の特殊技能を持っていたために馬仲英から重宝がられた。盛世才は情報を操作し、「馬仲英は日本帝国主義の手先だ」と喧伝することでソ連の警戒心を煽り、軍事援助を引き出すことに成功した。

しかし東トルキスタン史の研究者、王柯（おうか）氏も『東トルキスタン共和国研究』（東京大学出版会、一九九五年）で指摘している通り、大西は偶然の行きがかりから馬仲英軍の捕虜になった可能性が高く、関東軍などから正式に派遣されたことを裏づける資料はまったく見つかっていない。また、中国回民史の研究者、中田吉信（なかだよしのぶ）氏は、大西はなんらかのトラブルで軍籍を離脱した元陸軍将兵だったのではないかと推測している。

盛世才から救援要請を受けたソ連の爆撃機による猛烈な空爆を受け、逃げ場を失った馬仲英はついにモスクワに連行され、一陣の突風のごとく歴史の舞台から消えていった。

一方、東トルキスタン・イスラーム共和国の大統領ホジャ・ニヤズは迪化に落ちのび、盛世才と妥協する道を選んで共和国政府の解散に同意し、大統領を辞任して新疆省の副主席にあっさり就任してしまう。スヴェン・ヘディンは迪化でホジャ・ニヤズと会っているが、「彼はあまりいい印象をあたえず（中略）ほかのだれとも口をきかなかった」と記している。

ホジャ・ニヤズの裏切りに反発した総理大臣サビド・ダームッラーは盛世才軍に逮捕さ

れ処刑された。だが、ホジャ・ニヤズ自身も結局は盛世才によって処刑されてしまう運命にあった。かくしてコムルの反乱に端を発した東トルキスタンの独立機運は鎮圧され、ソ連の支援を獲得した盛世才の独り勝ちに終わる結末となった。

東トルキスタン・イスラーム共和国とホタン・イスラーム王国はわずか数ヶ月で瓦解し、その存続期間は極めて短かった。しかしウイグル人による独立国家のさきがけとなり、後世に与えた影響は甚大だったことは中国共産党の文献も認めている。

また、憲法でイスラームを国教と定めた東トルキスタン・イスラーム共和国の建国は、サウジアラビア王国の建国に遅れることわずか一年、そして一九四七年のパキスタン・イスラーム共和国の建国、一九七九年のイラン・イスラーム共和国の建国よりもはるかに先行し、共和制イスラーム国家としては世界最初の政権であり、イスラーム世界全体にとっても世界史的な意義があるのではないかと思われる。

■稀代の戯作か真実か

直木賞作家の胡桃沢耕史（くるみざわこうし）は、当時の東トルキスタンを舞台とした『天山（てんざん）を越えて』という冒険小説を書いている。主人公は、密命を帯びて現地に派遣された陸軍上等兵である。

与えられた密命とは、「東干族」の支配者、馬仲英に嫁がせるため、一人の日本人女性を東トルキスタン奥地まで護送するというものだ。

それは、来たるべき日中戦争に備え、日本と東干勢力が連携することによって、蔣介石政権を牽制するという、国際的な政略結婚であった。そしてその構想を立案し、すべてを采配しているのが、「森鉄十郎」なる陸軍大将だというのである。林銑十郎をモデルとしていることを、胡桃沢は隠そうとしていない。

アジア大陸の最深部で数奇な運命に翻弄され、戦後日本に帰還した主人公に、かの地での体験を元にした小説を発表する機会が訪れる。すると米国の諜報機関から呼び出しを受け、当時の現地情勢につき尋問を受けるはめになる。

なぜ米国がからんでくるのかというと、この小説では、日本だけでなく米ソ両超大国が、一九三〇年代から東トルキスタンに工作員を派遣し、熾烈な諜報戦を繰り広げていたという、壮大なプロットが設定されているのだ。

奇想天外な内容だが、驚くべきことにこの作品は、胡桃沢自身の実体験を元にしているという説がある。胡桃沢は戦時中、陸軍の特務機関に所属していて、任務で東トルキスタンに潜入したことがあると自称しているのだ。

それを裏づける客観的史料は見当たらないが、胡桃沢は一九八八年に団体旅行で東トルキスタンを「再訪」し、『シルクロード　タクラマカン砂漠2500キロの旅』（光文社文庫）という旅行記を発表している。

その巻末で胡桃沢は、昭和十八年（一九四三年）、十八歳のときに東トルキスタンの「天池」という景勝地をウルムチから徒歩で訪れたことがある、と書いている。

「ある機関の命令で、この土地まで来た」若き日の胡桃沢は、この湖の神秘なたたずまいに慄然として打たれ、いつか作家となって、天池を素材にした小説を書こうと決心したそうだ。その夢が四十年後に実現したのが『天山を越えて』だという。

胡桃沢が所属していた機関とは、陸軍のどの特務機関だったのか。胡桃沢耕史こと本名、清水正二郎（しみずしょうじろう）は、林銑十郎大将や「防共回廊」構想となんらかの関わりがあったのか。

拓殖大学の予科で一年あまり漢語を履修しただけの十八歳の少年が、反日軍閥、盛世才の圧政下にあった東トルキスタンで、日本人としての素性を秘匿し、現地語を駆使して国際諜報戦に暗躍したなどということが現実にあったのだろうか。

さきの旅行記のなかで胡桃沢は、「小説家になるよりは、講釈師になったほうがよかったといわれているぐらいのぼくだ」と自慢?している。すべては、稀代の戯作者の創作力のなせる技か。私には、泉下から胡桃沢の哄笑が聞こえるような気がするのだが。

■オスマン朝末裔の擁立計画

中国共産党側の文献『中国新疆地区伊斯蘭教史（第二冊）』（中国新疆地区伊斯蘭教史編写組編著、新疆人民出版社、二〇〇〇年）に興味深い記述がある。日本はオスマン・トルコ帝国最後の皇太子「エミール・ムハンマド・アブデュル」を擁立して東トルキスタンに満洲国のような「傀儡国家」を建国しようとしていたというのだ。

この記述は不正確である。正確には、オスマン朝の第三十四代スルタン、アブデュルハミト二世の孫、アブデュルケリム・エフェンディのことを指している。アンカラ大学のメルトハン・デュンダル氏の論文「オスマン皇族アブデュルケリムの来日」（坂本勉編著『日中戦争とイスラーム』慶應義塾大学出版会、二〇〇八年に所収）によると、この人物は一九〇六年にイスタンブールに皇族として生まれ、オスマン帝国滅亡後、国外に追放された。

一九三三年五月に日本側の招きにより来日している。渡航、滞在の費用を賄ったのは政友会の森恪であった。田中宏巳の論文「アブデュル・カリム擁立運動と新疆ムスリムの動向」（神田信夫先生古希記念論集編纂委員会編『清朝と東アジア』山川出版、一九九二年に所収）によれば、アブデュルケリムの来日には森恪のほかに、東京回教団の指導者クルバンガリー（第二章参照）、のちに首相となる平沼騏一郎の私設秘書だった実川時次郎、そしてのちに大日本回教協会の副会長となった小笠原長生海軍中将が関わっていたという。

子爵の爵位を持つ小笠原は名門華族であり、昭和天皇の皇太子時代に七年間、東宮御学問所幹事をつとめている。昭和天皇がアブデュルケリム・エフェンディを引見したという記録はないが、皇室と接点がある小笠原子爵の仲介で非公式に引見した可能性は充分考えられる。

アブデュルケリムの来日は世界中で報道され、特にソ連は、日本がアブデュルケリムを擁立して東トルキスタンに「傀儡国家」を樹立しようとしているとさかんに喧伝したため、アブデュルケリムは一年間の滞在予定を切り上げ約四ヶ月で離日し、上海に渡った。

その後、アブデュルケリムは東トルキスタン・イスラーム共和国に特使を派遣したとか、自ら東トルキスタンに向かったなどという情報が錯綜した。

スヴェン・ヘディンの『馬仲英の逃亡』に気になる記述がある。一九三四年二月にヘディンが東トルキスタンの古都トルファンに滞在していたとき、馬仲英がケマル・エッフェンディというトルコ人をモスクワへ派遣しようとしたが、当のケマルが拒否したためその計画が駄目になったという噂を耳にしたと書いている。噂ではケマル・エッフェンディはコンスタンティノープル（現在のイスタンブール）から来たトルコの将校で、甘粛省で数年間、馬仲英の軍事顧問をつとめていたという。

へディンが噂に聞いたという「ケマル・エッフェンディ」が、来日したアブデュルケリム・エフェンディと同一人物なのかどうかはわからない。アブデュルケリム・エフェンディは一九三三年の九月に離日してからほぼ一年間、中国に滞在していたとされているので、「甘粛省で数年間馬仲英の軍事顧問をつとめていた」という点を除けば、時期的には符合する。

しかし一九三四年六月に東トルキスタン・イスラーム共和国が馬仲英によって崩壊させられてしまったため、失意のアブデュルケリムは同年九月に中国を離れ、米国に向かう。そしてほぼ一年後の一九三五年八月、ニューヨークのホテルで謎の自殺を遂げた。まだ二十九歳の若さだった。

■日本とウイグル、アフガニスタンの接点

ホタン・イスラーム王国アミールの座を追われたムハンマド・イミン・ボグラのその後

の動静に関して、中国共産党側に興味深い資料がある。包爾漢（ブルハン）というウイグル人の回想録『新疆五十年』（文史資料出版社、一九八四年）がそれである。

包爾漢は国民党時代に新疆省政府主席となるが、人民解放軍による「和平解放」に内通した「功績」で中国共産党に厚遇され、新疆ウイグル自治区が成立するまで新疆省人民政府主席の座にあり、その後は北京に抜擢されて中国イスラーム協会主任、全国政治協商会議副主席などを歴任して天寿を全うした、徹底して体制側に忠実だったウイグル人の政客だ。

なお、日本人による研究書のなかには包爾漢をタタール人としているものがあるが、それは出生地が旧ソ連タタルスタン共和国のカザンであることから生じた混乱で、包爾漢自身は祖父の代にソ連に移民したウイグル人の家系であると回想録の冒頭に記している。

ちなみにウイグルという呼称は古くから史書に「回鶻」などとして見られるが、ソ連に移住した東トルキスタン出身者たちが自らの民族名として名乗り、一九三五年にこれを盛世才が認めたことで正式な民族名として確立された。

包爾漢は『新疆五十年』のなかで、インドに亡命したムハンマド・イミン・ボグラがアフガニスタンを訪れ、首都カブールの日本公使館で「北田正本（ママ）」公使と接触し、日本の軍事的・資金的援助を乞い、見返りに東トルキスタン・イスラーム共和国が再興できた暁には日本に特殊権益を保証すると申し出たという記録が、日本の外務省にあると指摘している。

包爾漢が書いている「北田正本」とは正しくは北田正元(きただまさもと)のことで、確かに一九三四年十一月から一九三八年三月まで初代アフガニスタン公使をつとめている。漢字を誤記しているのは、おそらくソ連側の露語文献から得た情報だからであろう。

北田はアフガニスタンから帰任した翌年一九三九年に『時局と亜細亜問題』という私家版を東亜研究所内皐月會(さつきかい)から出している。このなかで北田は日本と東トルキスタンの関わりに関し、「我が勢力が入って新疆民族を解放し、その固有の武力を以てソ連を牽制し得る組織を作らせて日本にリンクせしめ、以て大陸政策の遂行に資することが同問題の面白味と見るべきであろう」と意味深長な記述を残しているが、亡命ウイグル人と接触したか否かに関しては一言も言及していない。

■廣田弘毅外相宛——カブール発極秘公電

だが、ムハンマド・イミン・ボグラがカブールで北田公使と頻繁に接触していた事実は、包爾漢が指摘する通り、当時の外務省の公電で裏づけることができる。

外務省外交資料館には、北田公使が本省に宛てた公電が保管されている。そのほとんどが機密ないし極秘指定で、カブールから暗号で打電されたものを本省電信課の職員が解読し、和文タイプされたものと手書きのままのものとが混在している。

北田公使は三年半足らずの在任中に膨大な公電を本省に打電している。そのなかで東トルキスタン関連だけに限っても外務省の公用便箋一千枚を超える。私はそのすべてを読破したが、執拗とも言える北田の文面からは、インテリジェンスに携わる者の強烈な自負と使命感が伝わってくる。北田の在任期間中、カブールの日本公使館は不夜城と化したのではないか。部下たちは寝る暇もなかったであろう。

戦後サウジアラビア大使を務めた田村秀治(たむらひでじ)は、第二章に登場した小村不二男の『日本イスラーム史』(日本イスラーム友好連盟、一九八八年)に寄稿した回想記のなかで北田についいて触れている。北田はアフガニスタン公使としてカブールに着任するまで、エジプトのアレキサンドリア総領事だった。北田はイスラーム外交の重要性を強く認識していた。アレキサンドリア総領事時代はサウジアラビアとイエメンとの関係強化に奔走した。東京回教礼拝堂の開堂式の際、サウジアラビアの国王名代とイエメンの王子が訪日したのも北田の人脈によるという。

北田は一九三四年十一月六日にカブールに着任するが、早くも同月二十七日カブール発で、当時の東トルキスタン情勢に関してアフガニスタンの外務大臣から聴取した情報について短い報告を廣田弘毅外務大臣宛に送っている。

年が明けた一九三五年一月十九日、北田は廣田外相宛の極秘公電(公機密第六号)で、「新疆の情報及び新疆問題に対するソ、英、ア(アフガニスタン)、支、四国の態度報告の件」と題する便箋三十四枚に上る最初の詳細な報告書を発信している。

当時ソ連は、東トルキスタン・イスラーム共和国とホタン・イスラーム王国という二つのイスラーム国家の樹立は英国の謀略だとさかんに宣伝していた。しかし北田は、それはソ連のプロパガンダに過ぎないと英国謀略説を退けている。

英国は確かに東トルキスタン情勢に重大な関心を抱いているが、両イスラーム政権に対しては中立姿勢を採っており、積極的に軍事上そのほかの援助を与えている形跡はないと報告している。その理由として、東トルキスタンにおけるイスラーム国家の誕生は、隣接する英国統治下のカシミール王国におけるイスラーム教徒の独立願望を刺激する恐れがある点を指摘している。極めて説得力ある分析である。北田は、東トルキスタン・イスラーム共和国とホタン・イスラーム王国の独立は、英ソの工作とは無縁の、ウイグル人を主体とする純然たる民族自決運動によるものだったという見解を取っていた。

■「アジア人のアジア」――防共回廊の最適のパートナーとは

北田の公電におけるムハンマド・イミン・ボグラの初見は一九三五年十一月七日カブール発の暗号公電（第一七八五三号）で、「ホタンは孤立し、同エミールは国境にて目下立ち往生中」とある。

明けて一九三六年一月十五日カブール発の廣田外相宛の極秘公電（公機密第八一一号）で、ようやくアフガニスタンへの入国を果たしたムハンマド・イミン・ボグラが、カブールの日本公使館へ極秘裡に来訪したことが報告されている。

これは、東トルキスタンから亡命したウイグル人指導者が初めて日本の外交官と接触した公的記録として特筆されるべきものである。以後、北田の公電ではムハンマド・イミン・ボグラは「エミール（アミール）・ホタン」という通称、あるいは「佐倉氏（さくら）」という暗号名で頻繁に登場するようになる。

この極秘公電のなかで北田は、ムハンマド・イミン・ボグラの第一声を次のように本省に報告している。

全新疆上下の対日感情はすこぶる好かりし上、満州国独立後は益々信頼を表せり。ソ連の駆逐には新疆の兵士自ら当たるべく、日本よりは外交上の声援と武器供給を仰げば充分なり（中略）

自分らは差し当たり小銃五千または軽機関銃百を必要とし、アフガン仲介購入の便法もあるべし。

北田はムハンマド・イミン・ボグラの「自らソ連を駆逐したい」という強烈な反ソ意識に注目した。日本人とウイグル人は、反共という堅固な価値観を共有していることを互いに発見し合ったのである。

それにしてもムハンマド・イミン・ボグラの「全新疆上下の対日感情はすこぶる好かりし上、満州国独立後は益々信頼を表せり」という発言は、戦後教育で「東京裁判史観」を刷り込まれた日本人には、にわかには信じ難いかもしれない。

この点に関連し、北田は一九三六年五月四日付の有田八郎（ありたはちろう）外相宛の極秘公電（公機密第一〇四号）で興味深い感慨を述べている。

北田は、東トルキスタン領内の情勢は日本にすこぶる有利で、英国やソ連に不利となっているという。なぜなら日本はなんらの努力を払わずとも、ただアジア有色人種のなかでほとんど唯一の強国として世界に闊歩しつつあること自体が、全アジア民族に対し大いなる光明を投げかけており、それが中央アジア諸民族の精神に及ぼす影響は、日本人が想像する以上のものがあることを、中央アジアに在勤する者として痛切に感じるからだという。

北田によれば、中央アジアでは、日本が主張している汎アジア主義が、知識人はもとより無学文盲の民衆にも、ごく自然かつ容易に理解され得るという、英国やソ連にとって極めて厄介な事態が生じており、このためソ連は東トルキスタン領内で反日宣伝に躍起となっている。にもかかわらず、現地では日本の行動は極めて肯定的に受け止められており、日本の意図に植民地化や搾取といった不純な動機を認める傾向はないという。日本の手により「満洲人の満洲国」が建設され、急速な発展を遂げつつある事実は、東トルキスタン住民の信頼を一層増しつつある、と北田は伝えている。

北田が言わんとしているのは、英国、ソ連、中国といった大国の狭間にあって懊悩している中央アジアや東トルキスタンの被抑圧民族は、日本が提唱する「アジア人のアジア」という大アジア主義の理念に心底共鳴し、民族自決の具現化である満洲建国を極めて好意的に受け止め、むしろ自分たちもその恩恵にあずかることを期待する空気さえある、ということである。

防共回廊構想は決して日本人の独りよがりではなく、それを正面からしっかり受け止める他者が確かに存在していたのだ。それは日本が防共回廊の最後の工作対象と見定めていた垂涎の地に住む、当のウイグル人たちにほかならなかった。その意味で、北田とムハンマド・イミン・ボグラの幸福な出会いは、日本とウイグル双方の近代史に特筆大書されるべき慶事であった。

大正末期に林銑十郎が見抜いていた通り、イスラーム信仰に裏打ちされた揺るぎない反共精神を堅持するウイグル人は、文字通り防共回廊の最適のパートナーであった。だからこそソ連は日本とウイグルの提携を警戒したのである。

■明かされた漢人支配の過酷な実態

北田は一九三六年一月二十五日付の極秘公電（公機密第二九号）で、ムハンマド・イミン・ボグラの人となりについて、ヨーロッパの言語は解さないが、トルコ語とペルシャ語に通じ、確固たる見識を有する愛国者であると評している。

当時ソ連が「ムハンマド・イミン・ボグラは英国の傀儡だ」という攪乱情報をしきりに流布していたが、北田はこれをきっぱりと否定する。英国が好む現地人指導者は私腹を肥やすことしか眼中にない買弁的人物であるが、ムハンマド・イミン・ボグラはむしろ英国当局から警戒視されている真の民族主義者だと喝破している。

北田はカブール在任期間中、二年余りにわたってムハンマド・イミン・ボグラを物心両面で支援し続けた。二人は次第に信頼関係を深めていった模様で、北田は一九三七年四月二十二日に本省が接受した「最近の新疆情報に関する『アミール・ホタン』の内話」という公電で、ムハンマド・イミン・ボグラについて「真面目なる憂国家にして人物も信頼に値するものあり」「同人の新疆情報は最確実なるものの一つと認め得べし」と絶賛している。

一方、ムハンマド・イミン・ボグラのほうも親日感情を募らせたようで、カブールに同行させていた自分の長男に日本語を習得させたいと、日本公使館の通訳生に個人教授を頼んでいる。

北田は一九三六年五月四日付で、便箋五十二枚に上る「アミール・ホタン」手記を有田八郎外務大臣に送付している。ムハンマド・イミン・ボグラがペルシャ語で書いた原稿を、アフガニスタン公使館の朝倉延壽（あさくらのぶとし）通訳生が翻訳したものである。

これは同年七月十七日付の外務大臣有田八郎名の「『アミール・ホタン』手記『新疆事情』送付の件」（亜一機密合第一二三六号）という極秘報告書にまとめられ、関係各方面に回覧された。

「アミール・ホタン」手記は中国による苛烈な圧政の実態、それに悲憤して独立運動に身を投じたムハンマド・イミン・ボグラの生い立ち、独立国家建国の経緯についての貴重な歴史文献である。そのなかでムハンマド・イミン・ボグラは、東トルキスタンの現状について次のように訴えている。

東「トルキスタン」の回教民は、久しきにわたり支那の虐政と専制により常時束縛を蒙（こうむ）り来たり、従って近代式の学校の新設も見られず、国民の向上発展の要因たる科学の普及を見ず、また隣邦諸国との通信機関に役立つべき新聞雑誌の公刊も許されず、また一般住民は集会を禁ぜられ、もし回教民にして人類の享受すべき正当なる権利を主張

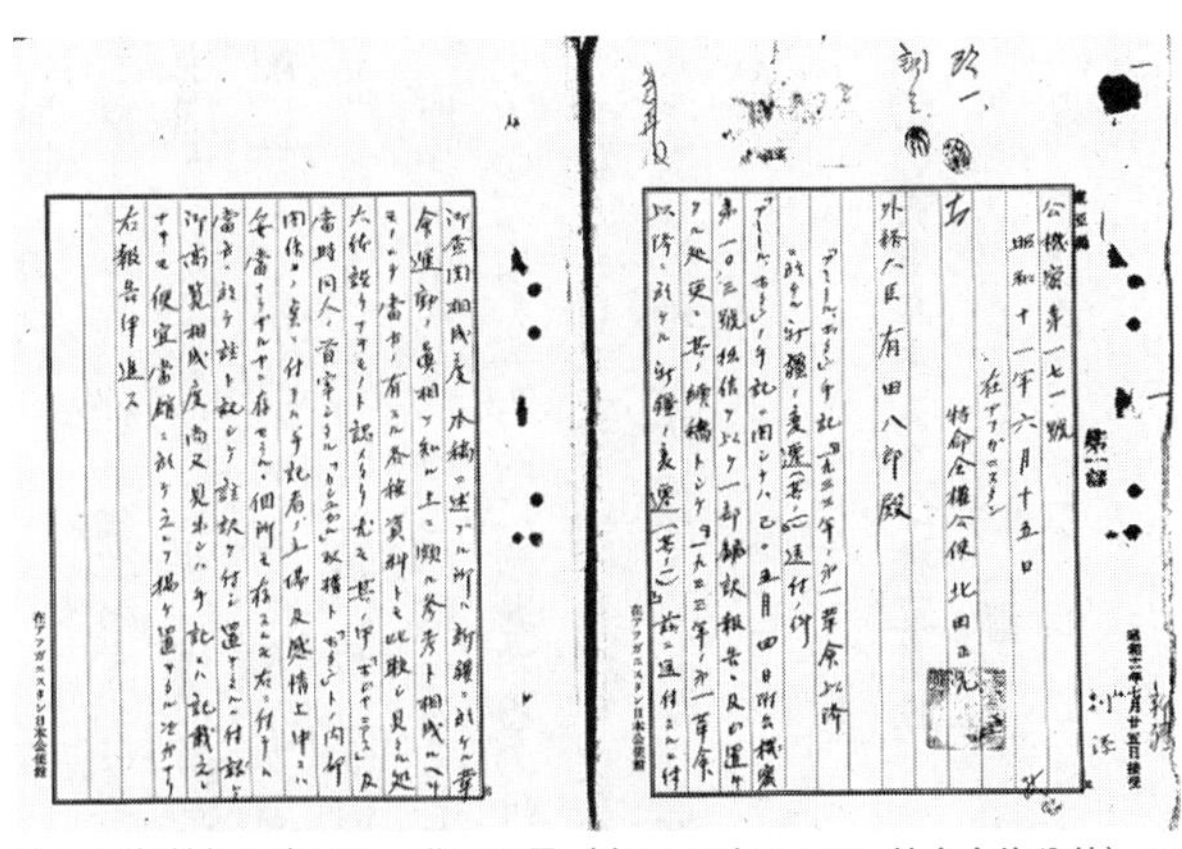
公機密第一七一號
昭和十一年六月十五日
在アフガニスタン特命全権公使　北田正元
外務大臣　有田八郎殿
在アフガニスタン日本公使館

有田八郎外相に宛てた、北田正元（在アフガニスタン特命全権公使）の機密公電。「アミール・ホタン手記」送付について記している。（アジア歴史資料センター）

し、または国体組織を計画して相互申し合わせ等を行い、これが省政府の探知するところとなる場合には、死刑または長期の懲役に処せらるるなり。

これを読むと、現在の中国共産党支配下のウイグル人の境遇は、軍閥時代の苛斂誅求とほとんど何も変わっていないことに驚かされる。

ここに、日本の大陸政策は侵略政策だったというテーゼの一面性が露呈する。それはあくまでも中国すなわち漢人の視点からの解釈に過ぎない。中国による東トルキスタン支配の正当性が無批判で前提とされている。ウイグル人にとってこれは絶対に受け入れられない前提である。

ウイグル人の独立を認めず、ウイグル人の領域を中国の領土だと強弁してはばからない中国人の立場から見れば、日本の支援は「内政干渉」となるのであろうが、逆に中国の支配に安んじ得ないウイグル人の立場から見れば、それは「日本との提携による中国から独立」という、まったく異なった位相を呈することになるのだ。

歴史の解釈というものはそもそも相対的なものであり、現時点での一つの価値基準で歴史上の事象を一方的に断罪するのは控えめに言っても党派的である。少なくともウイグル人や私たち日本人が中国共産党史観に従わなければならない理由はない。いつの日か東トルキスタン独立が達成されれば、歴史に関する現行の定説はその前提から覆ることになる。

■幻の東トルキスタン独立計画

外務省外交資料館に「新疆革新計画（粗訳）」と題する和文タイプの文書が保管されている。作成者は「アミール・ホタン案（齋藤訳）」となっており、年月日の記載がないが「北田公使ヨリ」という手書きの書き込みがあることから、北田がムハンマド・イミン・

ボグラと初めて接触した一九三六年一月から、離任した一九三八年三月までの二年余りの間に作成されたものであることがわかる。

表紙には外務省欧亜局長と第一課長の閲覧を示す署名があり、「極秘」の判が押されている。その大意は概略以下の通りである。

＊

東トルキスタンは長年にわたって支那の束縛下にあり、支那政府は我々東トルキスタン人からすべての権利を剝奪してきた。一方、有害な隣邦ソ連は迪化の漢人当局に援助を与え、また陰では非常に巧妙なプロパガンダを展開し、我々の内部分裂を画策してきた。

いまや共産主義の脅威は日増しに増大しており、我々に対して大いなる動揺と苦痛とを与えつつあるが、我々は共産主義のなんたるかを知悉(ちしつ)しており、それがイスラームないし人間的な生活の破壊を導くものであることをよく理解している。

このような状況において、強力かつ同情心ある外国政府は大日本帝国以外になく、我々は日本からの援助を渇望するものである。

東トルキスタン人は、日本政府より近代的な武器、弾薬その他、防御に必要な物資の充分な供給を受けることを希望する。

もし我々が日本政府の援助によって共産主義の魔手から救われるならば、我々は日本の徳を忘れることなく、日本の指導に従って防共を主たる国策となすべきことを誓う。最大の急務は、できる限り反共宣伝を展開することである。

日本の勢力が東トルキスタン国境に達したときには、我々は次の通りの措置を取る。

・東トルキスタン全域において、共産派に対し正規ないし不正規の軍事行動を起こす。

・東トルキスタン人は日本軍と共同作戦を採り、敵の後方攪乱を展開してこれを弱体化し、日本軍の前進を促すよう各種の便益を提供する。

我々が日本政府の援助によって共産勢力の圧迫から脱することができた場合の我々の希望は次の通りである。

・日本政府の援助と協力によって支那から独立した東トルキスタン政府を建設すること。

・東トルキスタン政府のトップは全国民のなかから選出されること。

・日本政府が東トルキスタン軍の訓練、指導をはかること。

・東トルキスタンは鉱山開発、産業振興、農業改良、鉄道敷設、道路橋梁の建設などに関

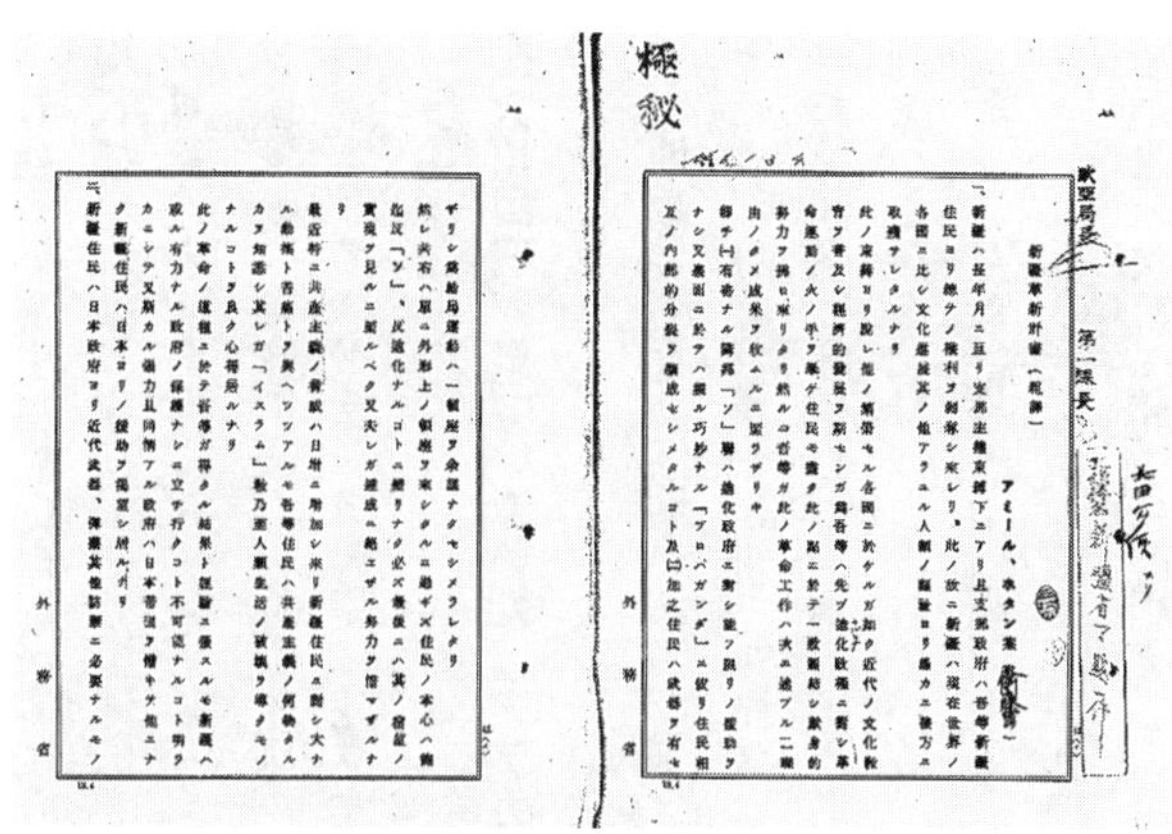

極秘

新疆革新計画（粗訳）

アミール、ホタン集

一、新疆ハ長年月ニ亙リ支那圧迫束縛下ニアリ且支那政府ハ吾等新疆住民ヨリ総テノ権利ヲ剥奪シ来レリ。此ノ故ニ新疆ハ現在世界ノ各国ニ比シ文化並ニ其ノ他アラユル人類ノ福祉ヨリ遙カニ後方ニ取残サレタルナリ

此ノ束縛ヨリ脱レ他ノ繁栄セル各国ニ於ケルガ如ク近代ノ文化教育ヲ普及シ経済的発展ヲ期セントガ為吾等ハ先ヅ漢化政権ニ対シ革命運動ノ火ノ手ヲ挙ゲ住民モ蹶起シ此ノ点ニ於テ一致団結シ献身的努力ヲ払ヒ来リタリ然ルニ吾等ガ此ノ革命工作ハ次ニ述ブル二理由ノタメ成果ヲ収ムルニ至ラザリキ即チ(一)有害ナル隣邦「ソ」聯ハ漢化政府ニ対シ種々ノ援助ヲナシ又裏面ニ於テハ頗ル巧妙ナル「プロパガンダ」ニ依リ住民相互ノ内部的分裂ヲ醸成セシメタルコト及(二)加之住民ハ武器ヲ有セザリシ為結局運動ハ一頓座ヲ余儀ナクセシメラレタリ

然レ共右ハ単ニ外形上ノ頓座ヲ来シタルニ過ギズ住民ノ本心ハ猶依然「ソ」、漢化ナルコトニ屈リナク必ズ最後ニハ其ノ宿望ノ実現ヲ見ルニ至ルベク又夫レガ達成ニ絶エザル努力ヲ惜マザルナリ

最近特ニ共産主義ノ脅威ハ日増ニ増加シ来リ新疆住民ニ対シ大ナル動揺ト苦痛トヲ与ヘツツアルモ吾等住民ハ共産主義ノ何物タルカヲ知悉シ其レガ「イスラム」教乃至人類生活ノ破壊ヲ導クモノナルコトヲ良ク心得居ルナリ

此ノ革命ノ遂行ニ於テ吾等ガ得タル結果ト経験ニ徴スルモ新疆ハ或ル有力ナル政府ノ保護ナシニ立チ行クコト不可能ナルコト明カニシテ又斯カル強力且同情アル政府ハ日本帝国ヲ措キテ他ニナク新疆住民ハ日本ヨリノ援助ヲ渇望シ居ルナリ

二、新疆住民ハ日本政府ヨリ近代武器、弾薬其他諸般ニ必要ナルモノ

外務省

「極秘」の印が押された「新疆革新計画（粗訳）」。「北田公使ヨリ」と欄外にある。（アジア歴史資料センター）

して、是非とも日本政府から絶大な援助を受けたきこと。

日本政府からの援助の代償として、東トルキスタン国民は次の義務を負う。

・東トルキスタン国民は、日本政府の政治的利益を尊重し、その最も忠実なる友邦としてよしみを結ぶ。

・東トルキスタン政府は、日本政府に対して東トルキスタンにおける日本の経済通商上の特殊権益を認める。

・東トルキスタン政府は、日本政府の同意を得ることなしに第三国に対して右権益を均霑（きんてん）せしめない。

＊

外務省外交史料館に所蔵される「新疆革新計画（粗訳）」の概要は以上である。もし実現していれば、東に愛新覚羅溥儀を皇帝とする満洲帝国、中央に徳王を首班とするモンゴル国家、そして西にムハンマド・イミン・ボグラを首班とする東トルキスタン・イスラーム国家がソ連を囲繞し、林銑十郎、松室孝良らの先覚者たちが夢想した防共回廊が壮大な城壁としてユーラシア大陸に屹立するのを目撃することができたであろう。

■大川周明が気づいていた、アフガニスタンの地政学的重要性

ムハンマド・イミン・ボグラがアフガニスタンの日本公使館を頼ったのは偶然ではなく、地政学的な必然性があった。アフガニスタンの地図を見ると、東へ細く伸びた尻尾のような部分でわずかに東トルキスタンと国境を接している。この細い尻尾のような部分はワハン回廊と呼ばれ、一本の川に沿った渓谷なのである。現在は北側をタジキスタン、南側をパキスタンにはさまれている。

なぜこんな奇妙な国境線が引かれたのか誰しも不思議に思うだろうが、これはグレート・ゲームの一環として英露が直接国境で対峙することを避けるために、ワハン回廊を緩衝地帯と決めて勝手に線引きした結果なのである。

当時、北はソ連、南は英国から圧迫を受けていた新生アフガニスタン王国は、グレート・ゲームの新たなプレイヤーである日本との連携を強く求めていた。日本側でその重要性にいち早く気づき、アフガニスタンとの国交樹立を推進したのは、本書にも再三登場してきた大川周明であった。

大川周明は大正時代に出版した『復興亜細亜の諸問題』のなかで、一章をさいてアフガニスタンの地政学的重要性を説いている。更に、日本との国交を求めてたびたび来日したアフガニスタン国王の特使ラージャ・プラタップの日本での活動を物心両面で支えた。

プラタップはインド生まれだが、アフガニスタンが独立するとカブールを拠点として反英インド独立運動を展開していた。日英同盟の時代ゆえ日本政府は英国に気兼ねして、来日したプラタップの行動を官憲に監視させるなどの圧力を加えた。

これに憤激した大川周明はプラタップの歓迎宴を開催し、自ら主宰する言論誌『月刊日本』に「プラタプ君を迎ふ」という論文を寄稿し、「プラタプ君は、いま日本政府の厄介視する客となっている。（中略）君を虐待するが故に、われらの覚悟は一層強められる。真理と正義の最後の勝利を信じつつ、われらは戦いを始めねばならぬ」と朝野に支持を訴える論陣を張った。

大川周明を中心とした大アジア主義者たちの献身的な奔走により、一九二八年に日本とアフガニスタンの国交が樹立され、一九三四年、首都カブールに日本公使館が開設され、北田正元が初代公使として赴任したわけである。

当時カブールには既にソ連、トルコ、ペルシャの大使館、イギリス、フランス、ドイツ、イタリアの公使館が開設されており、更にアメリカとエジプトも近く公使を派遣してくるという状況で、まさに各国が入り乱れて諜報戦を展開していた。

■防共回廊構想の全体像――「空のシルクロード」計画

北田は帰朝後に出した私家版『時局と亜細亜問題』のなかで、アフガニスタンのワハン回廊こそ、日本とドイツが計画していた「欧亜連絡航空路」という航空路線の予定ルートであり、「将来の世界政策的要地である」と書いている。

欧亜連絡航空路については比企久男（ひきひさお）の『大空のシルクロード』（芙蓉書房、一九七一年）が詳しい。比企は戦前、満洲航空の社員で、関東軍特務機関と協力してアラシャンに飛行基地を建設する特殊任務に携わっていた。

ちなみに満洲航空は一九三二年に関東軍が設立した国策会社で、経営陣以下社員の多くは退役軍人で、比企自身も満洲航空部隊を除隊したばかりの予備役だった。

比企によると、欧亜連絡航空路とは当時、満洲航空がドイツのルフトハンザ社と提携交渉していた中央アジア横断航路のことである。

一九三六年十二月に両社のあいだで日満独航空協定が調印された。翌年三月、この計画の推進を閣議決定したのは、ほかでもない防共回廊構想の「思想的源流」林銑十郎内閣だった。

欧亜連絡航空路は、満洲帝国の首都新京から内モンゴルの包頭、アラシャン、オチナ、東トルキスタン各地、そしてアフガニスタンのカブールを結び、ソ連のシベリア鉄道、英国のインド航路に対抗して、日独が空からシルクロードを制覇するという気宇壮大な構想だった。第一章で見たように、関東軍が内モンゴルの奥地オチナにまで特務機関のネットワークを張り巡らせようとしていたのも航空機の給油基地を建設するためだった。

ベルリン、ビザンチウム（現在のイスタンブール）、バグダッドを鉄道で結ぶ三B政策によってトルコからイラク更に隣接するイランへと勢力拡大を目指すドイツ第三帝国と、満洲、内モンゴルへと勢力を拡大した大日本帝国が、隣接する東トルキスタンへ進出して、最終的にアフガニスタンのこの細長いワハン回廊でリンクするという遠大な世界戦略であった。

これこそ、防共回廊構想の全体像だったのである。当時の日本人は、いまの我々とはまったく違った目で世界地図を見ていたのだ。大正末年、東京湾要塞司令官時代に「更に一歩を進めて新疆省方面の回教徒研究に乗り出す気はないか」と笹目恒雄に語りかけてから十年、いまや一国の総理となった林銑十郎は、防共回廊にいよいよ王手をかける心境だったに違いない。

■日本に亡命したウイグル人独立運動家

大日本帝国時代の我が国には、中国の孫文、インドのビハリ・ボースをはじめ多くのアジアの革命家や独立運動の指導者が亡命し、匿（かくま）われていたことはよく知られているが、東トルキスタン・イスラーム共和国に関係したウイグル人の独立運動家も日本に亡命していたことは、いまではほとんど知られていないのではないか。

それはマフムード・ムフィティというウイグルの軍司令官である。中国共産党側の文献『中国新疆地区伊斯蘭教史』によると、マフムード・ムフィティはトルファンの豪農だったが、金樹仁に対する反乱に参加、その後ホジャ・ニヤズの側近となり、東トルキスタン・イスラーム共和国軍の指揮官をつとめた。

共和国崩壊後、マフムード・ムフィティは新疆省政府軍の騎兵第六師団長としてカシュガルに駐屯していたが、一九三七年四月、突然、部下数十名を率いて英領インドのカシミールに亡命した。

中国共産党側の文献では、その後一九三九年に来日し、日本の支援によって「汎トルコ主義アジア代表会議」を東京で開催、翌年「東トルキスタン民族独立戦闘委員会」を立ち上げたとされている。これらの動きについては日本側の文献では確認できない。

だが、マフムード・ムフィティが来日したのは事実である。アフガニスタンの北田公使は一九三七年五月十八日付の佐藤尚武（さとうなおたけ）外務大臣宛の機密公電（公機密第一二五号）で、マフムード・ムフィティとその弟ムスール・バイが五月初めに三十五名の部下とともにカシュガルを脱出してインド領内のラダックに入り、カシミール州の州都スリナガルに向かったと報告している。

ちなみに北田の公電ではマフムード・ムフィティのことが「マフムード・シヂャン」と表記されているが、「シヂャン」というのは師団長を意味する北京語「師長（シーチャン）」の音訳ではないかと推測される。

北田はその後、マフムード・ムフィティがラダックからスリナガルの同志に宛てた四月二七日付の書簡を入手し、その翻訳文を五月三十日付の佐藤尚武外務大臣宛の機密公電（公機密第一三七号）で報告している。

それによると、東トルキスタン西部におけるソ連の影響力浸透は年々激しくなり、これを押しとどめることはもはや困難な情勢で、共産主義勢力は露骨に宗教反対の宣伝を行っているためついに脱出を決意し、十五名の部下とともにインド国境を越えたという。

■蔣介石に失望し、日本上陸へ

その後のマフムード・ムフィティらの動静について、内モンゴルの厚和領事館の勝野敏夫副領事が一九三九年五月八日付の有田外相宛の機密公電（第一二〇号）で詳細に報告している。情報源はバイ・アジィージ少佐、セリフ大尉、アフン少尉というマフムード・ムフィティ師団長の三人の部下たちである。ウイグル人たちがなぜ当時内モンゴルの厚和に滞在していたのかはのちに触れる。

勝野の報告書によると、バイ・アジィージらは一九三七年九月にマフムード・ムフィティによって亡命先のインドから南京に派遣され、蔣介石に面会して東トルキスタンの窮状を訴えたが、ソ連との関係悪化を恐れるだけの蔣介石に失望し、交渉を打ち切って上海に移り、現地の日本総領事館と接触するようになった。

インドに滞在していたマフムード・ムフィティ自身もボンベイの日本領事と極秘に接触して日本への渡航の可否を相談した。日本領事が本省に照会したところ、渡日を許可する回答があったため、マフムード・ムフィティは一九三九年三月二日、イギリス官憲の監視を逃れてボンベイを出航し、四月一日に神戸に上陸、同六日に東京に到着した。

その後の日本での活動について勝野の報告書は一切口をつぐんでいる。しかし巻末に、東トルキスタン、内モンゴル、中国、インド、トルコ、サウジアラビア、エジプト、イラクの各国に在住するウイグル独立運動の主要人物百十二名の名簿と、彼らの日本に対する次のような「要望」が併載されている。

マフムード・ムフィティ
（『回教世界』第3巻第2号、昭和16年）

我々ウイグル民族の目的は新疆省内に於けるウイグル民族の独立にあり、即ち日本の援助を得て新疆省内に於いてソ連の赤色勢力に反撃

し、これを徹底的に掃討撃滅してウイグル民族の政権を樹立せんとするにあり。（中略）
全世界の回教徒に向かい、新疆省に於けるソ連共産勢力の横暴、非人道的圧迫行為を訴え、共産主義を撲滅する為に回教徒の反共産戦線を構成し、果敢なる反共産主義運動を展開せんとするにあり。
我々ウイグル民族は一日も速やかに日本の援助を得て、新疆省をソ連の赤色勢力より奪還する日の速やかに到来することを熱望するものなり。
将来日本が実質的に打倒共産戦を起したる際は、必ず我々ウイグル民族は日本と協力してソ連と戦うことを誓うものなり。

また、外務省外交史料館には、「東トルキスタン代表マホモット・モフェティ」から「大日本帝国政府外務大臣有田八郎閣下」宛の「要請」が所蔵されている。日付は「皇紀二六〇〇年（一九四〇年）三月二十七日」となっている。

我が東トルキスタンは断じて支那の領土に非ず、（中略）
赤化支那と屍山血河の大決戦を敢行せし我等のために、而して祖国独立戦の再挙を計る亡命の身を、貴国に託せる我等のために満腔(まんこう)の同情を寄せられ、今日以後、国際防共陣営の一翼、亜細亜民族の一員として物、心両面に渉(わた)り全幅の御支援を与えられ、我等民族の独立保全をして、東亜新秩序の一礎石たらしめられん事を懇願する。

ソ連の後ろ盾で東トルキスタンを制圧した漢人軍閥、盛世才の圧政と、共産主義勢力によるイスラーム弾圧を嫌ってインドに亡命したウイグル独立運動家たちは、反共という価値観を共有する日本を頼り、その支援下による独立を期待するようになったわけである。

右に引用した「要望」や「要請」の文面に明らかな通り、ウイグル人はソ連、中国という二大強敵と戦うために、自らの意思で、自らの主義主張に基づいて日本の支援を希求したのである。これを日本の傀儡視するのはウイグル人の自主性を無視し、民族としての誇りと尊厳を侮辱することにほかならない。

■亡命ウイグル人の日本での足跡

マフムード・ムフィティら亡命ウイグル人と深く関わり合った日本人の一人に竹内義典(たけうちよしのり)がいる。竹内は一九八二年に国立国会図書館の『アジア・アフリカ資料通報』第二〇巻第四号に「ウィグル族との出会いと思い出」という回想記を寄稿している。

それによると竹内は戦前、満鉄調査部の北京事務所に勤務していた調査員で、イスラームの慣習とアラビア語の研究をしていたが、一九四〇年頃から満鉄調査部が実施していた「支那抗戦力調査」の一環として、ウイグル問題を担当するようになったという。

竹内によると、マフムード・ムフィティの部下が上海の日本総領事館に支援を求めてきたため、日本側はマフムード・ムフィティを十五名の部下とともに極秘裏に来日させたという。このとき受け入れ先となったのは、防共回廊の「思想的源流」林銑十郎陸軍大将が会長をつとめる大日本回教協会であった。

マフムード・ムフィティが来日したのは一九三九年四月だが、その年の十一月に大日本回教協会主催により、東京と大阪の百貨店で「回教圏展覧会」が開催されている。『回教圏展覧會記録』（非売品）に来朝者名簿が掲載されているが、筆頭のイエメン宗教大臣とその従者に続いて「東トルキスタン元指揮官マフメット（マ）・モフィティ（マ）」以下九名のウイグル人の名前が記載されている。

一方、大日本回教協会が刊行していた雑誌『回教世界』には、一九四一年一月号から六月号にかけて同協会の調査部員、脇坂利徳（わきさかとしのり）による「新疆独立戦の回顧」という文章が連載されている。これはマフムード・ムフィティ本人とその部下たちからの聞き書きという体裁を取っており、マフムード・ムフィティの写真も掲載されている。

にもかかわらず、奇妙なことに脇坂の論文ではマフムード・ムフィティらが日本に亡命した事実は伏せられている。ただ、連載第二回の註のなかで、脇坂が一行を靖國神社の遊就館に案内したとき、マフムード・ムフィティが坂上田村麻呂(さかのうえのたむらまろ)の肖像を見て「自分に似ている」と言って微笑んだというエピソードが唐突に挿入されているのみである。

竹内義典の回想記によると、マフムード・ムフィティらは滞日中、英国大使館と接触したことが日本側に発覚したため、北京へ強制退去させられたという。だがマフムード・ムフィティらはそもそも英領インドから日本に亡命したのだからこの説明は不自然である。おそらくこれは表向きの口実で、マフムード・ムフィティらは日本側の意向によって、当時既に日本の占領下にあった北京へ極秘裏に送り込まれたのであろう。

■亡命ウイグル人と結婚した日本人女性

竹内はマフムード・ムフィティと部下十五名のウイグル人全員の名簿を公表している。

そのなかで、トフタ・バイというウイグル人が日本人女性と結婚して日本に残留し、戦後まで生きのびて一九五五年に東京で病没した。トフタ・バイの墓は東京の多磨霊園にある。もう一人セリフ・アフンというウイグル人が日本人女性と結婚したと書かれているが、その後どうなったか、竹内は明らかにしていない。

小村不二男の『日本イスラーム史』に、ウイグル人と結婚した鈴木住子という日本人女性の話が出てくる。鈴木住子自身も『チャードルの女』（日本週報社、一九五九年）という手記を書いているが、大日本回教協会会長の林銑十郎の紹介で亡命ウイグル人男性と結婚し、夫とともに大陸に渡り、三児をもうけたという。鈴木は夫の名前をただ「オスマン」とだけ記していて、それが本名か否かも定かではないが、もしかしたら竹内の名簿にあるセリフ・アフンが夫だったのではないか。

鈴木住子は、日本の敗戦後、夫が先行待機しているはずの東トルキスタンに向かおうとするのだが、その途上で中国国民党に逮捕され、更に中国共産党に引き渡されて強制収容所送りとなり、こどもたちとも生き別れとなる。収容所生活で辛酸をなめ、昭和三十年代にようやく釈放されて単身日本に帰国してからこの手記を書いて出版した。

小村不二男によると、鈴木住子は帰国後、赤坂山王下で「伊斯蘭飯店」という清真料理（回民料理）のレストランを開業していたが、やがて店を閉じて台湾に渡っていったという。まるで小説のような数奇な人生である。

竹内義典が残した亡命ウイグル人名簿のなかでただ一人、エイサ・ユスフ・アルプテキンだけが中国国民党のもとへ走り、南京から重慶へ蔣介石と行動をともにした。このウイグル人は、更にその後、意外なかたちで歴史の舞台に再三、登場してくることになる。

一方、北京に送り込まれたマフムード・ムフィティ以下のウイグル人たちは、北京市内の「哈密館（ハミ）」というウイグルゆかりの施設にしばらく逗留したのち、内モンゴルの厚和に移動した。ウイグル人がなぜ内モンゴルへ行ったのか。

日本のイスラーム運動の祖、小村不二男（日本イスラーム友好連盟『日本イスラーム史』より）

■ウイグル人がモンゴルへ送り込まれた理由とは

当時の内モンゴルには、徳王を主席とする蒙古連合自治政府が成立していた。また、林銑十郎が深く関わっている善隣協会がモンゴル人や回民を対象とした社会事業を幅広く展開していたことも第一章で触れた。

厚和には、勝野敏夫副領事が勤務する日本領事館以外にも、小倉達次陸軍少将を機関長とする厚和特務機関をはじめ、様々な日本の機関があった。その厚和へ、おそらくは大日本回教協会の手配で亡命ウイグル人たちが送り込まれたのだ。

小村不二男も厚和にあった西北事情研究所という日本の機関でイスラーム工作を担当していた。小村によると、この研究所には日本から送り込まれたヤシャルとヤコブという二人の亡命ウイグル人が出入りしていたという。これは竹内の名簿のヤシャール・アフンとヤコビ・アフンという名前と一致する。

第二章でも触れたように、小村不二男は厚和に設立された西北聯合總部の首席顧問にも就任していた。小村はここで注目すべきことを書いている。この組織は、茂川秀和が北京で運営していた中国回教總聯合会の西北支部という位置づけで、表向きは回民の地方自治組織であるが、実は日本が東トルキスタンに樹立しようと工作していたイスラーム国家の母胎にするという秘匿された目的のもとに設置された機関だったというのだ。つまり小村不二男もまた、防共回廊工作の現地工作員の一人だったのである。

こうした一連の動きの向こうに透けて見えてくるのは、やはり林銑十郎の姿である。すべては林の采配で動いていたのではないか。

一方、満鉄調査部の北京事務所に勤務していた竹内は月に一度、厚和に出張してウイグル人グループと接触しつつ「インド・新疆ルート」の兵要地誌や「新疆におけるウイグル語地名」などの報告書を作成し、茂川秀和が所属していた北支那方面軍参謀部に提出していたという。

竹内は、マフムード・ムフィティの最期について、一九四三年に亡くなったとしているが、そのいきさつについて何も書いていない。そのことと関連があるのかどうかわからないが、この年、竹内自身が北京から厚和に拠点を移している。満鉄の名は表に出せなかったということで、「竹内公館」という名の事務所を開設し、厚和特務機関の了承のもと、ウイグル人たちと起居をともにしながらウイグル語の研究と東トルキスタン情勢の諜報活動を続行した。

これらのウイグル人独立運動家たちは日本の敗戦後、東トルキスタンに戻っていったが、一九四九年に中国共産党が東トルキスタンを「和平解放」した際に全員殺害されたと竹内は記している。

■「第二の満洲国にするな」の真意

日本の敗色が濃厚になりつつあった一九四四年四月、ソ連と国境を接する東トルキスタン北部に位置するイリ地方のクルジャ（漢語名「伊寧」）にウイグル人国家の独立を目指す「クルジャ解放組織」が結成された。その構成員は、イリハン・トレを中心とするイスラーム聖職者と、アブドカリム・アバソフを中心とするソ連帰りの知識人などの左右混成であった。イリハン・トレはウイグル人ではなくソ連から亡命したウズベク人だったが、クルジャ最大のモスクを拠点として「反漢排漢」、盛世才へのジハードを提唱し、ウイグル人のあいだで声望が高かった。

同年十一月十二日、クルジャ解放組織は一九三三年の東トルキスタン・イスラーム共和国の建国と同じ日を選び、東トルキスタン共和国の独立を宣言し、イリハン・トレが臨時政府主席に就任した。ウイグル人にとって十一月十二日は特別の意味を持つ日なのである。但し、二つの共和国は建国記念日こそ同じだが、人脈的にはまったくの別系統で、統治が及んだ地域も異なっていた。

一九三三年に樹立された東トルキスタン・イスラーム共和国は、反共を鮮明に掲げ、イスラーム色が濃厚なウイグル人を主体とする純然たる民族自決運動の賜物で、ソ連や中国の影響が比較的薄い西部のカシュガルと南部のホタン周辺を統治領域としていた。

一方、一九四四年の東トルキスタン共和国はソ連の影響が当初から濃厚で、ソ連と国境を接する北西部のイリ、タルバガタイ、アルタイという三つの地方を支配領域としていた。このため中国共産党史では「三区革命」と呼ばれている。

中国共産党史における「三区革命」に対する評価は錯綜している。国民党蔣介石政権と戦ったという観点から毛沢東時代には肯定的に評価されていたが、ウイグル人の独立運動が問題視されるようになってくると歴史的評価が変わってくる。東トルキスタン共和国政府の母体となったクルジャ解放組織が、もともと左右の寄り合い所帯だったことに焦点があてられ、そのなかでイスラーム志向が強く、反漢、反共を唱えたイリハン・トレを「革命に寄生した分裂主義者」と断罪する一方、ソ連帰りのアバソフらのグループを「進歩的分子」として区別するようになった。

当初からソ連の影響下にあったことは、中国共産党側の公式文献（例えば『中国新疆歴史与現状』）も認めている。ソ連はカザフ共和国のアルマトイに内務人民委員会特別行動班の司令部を設置して、イリでの蜂起を指揮した。イリに臨時政府が樹立されると大量の武器弾薬を送り込み、軍事顧問団を派遣してイリに隣接するタルバガタイ、アルタイ両地方への勢力拡大を指揮したという。

ときは既に一九四四年。日本の敗色は濃厚だった。ソ連は「東トルキスタンを第二の満洲国にしてはならない」と日本を牽制しつつ、結局自らは中央アジアに続いて東トルキスタンをもソ連圏に組み入れようと画策していたのである。こうしたソ連の全面的な支援を頼りに、東トルキスタン共和国軍は新疆省の省都、迪化すなわちウルムチに進軍し、マナス川をはさんで中国国民党軍と対峙した。

■スターリンの冷酷な仕打ち

ところが突然、ソ連が方針転換してしまう。第二章でも触れたが、一九四五年二月のヤルタ会談で、スターリンは対日参戦する条件の一つとして、外モンゴルの主権を放棄するよう蔣介石を説得することをルーズベルトに要求した。ルーズベルトの圧力を受けた蔣介石は、外モンゴルの独立を承認する見返りに、東トルキスタンから手を引くことをスターリンに要求した。

既に外モンゴルを衛星国化していたスターリンは、その既成事実を蔣介石に呑ませたことに取り敢えず満足した。そこで、省都制圧を目前にしていた東トルキスタン共和国軍に対して、攻撃を中止し、中国国民党軍と和平交渉に入るよう命じたのである。

スターリンにとってウイグル人の独立への願いなどはどうでもよく、単なる取引材料の一つに過ぎなかったわけだ。

イリハン・トレ主席は激しくこれに反発した。だがソ連はアフメドジャン・カスミという親ソ派ウイグル人の工作員を送り込んで和平交渉の主導権を握らせた。カスミが、蔣介石政権との妥協を急ぐスターリンの意向を代弁する役割を果たしていたことは、王柯氏の『東トルキスタン共和国研究』によって詳細に明らかにされている。

このとき中国国民党側の代表として送り込まれたのが張治中（ちょうじちゅう）である。これに先立ち、「新疆省」に十年君臨した盛世才は蔣介石によって重慶に召還され、閑職の農林部長に左遷されていた。盛世才はのちに蔣介石とともに台湾に渡り、一九七〇年に病死した。

ちなみに張治中はその後、中国共産党側に寝返って大陸に残留し、一時は全国人民代表大会常務委員会副委員長にまで上りつめたが、文化大革命中の一九六九年に死亡した。

なお、張治中は死後、ユン・チアンの『マオ　誰も知らなかった毛沢東』（講談社、二〇〇五年）によって中国共産党の秘密党員だったことや、党の指示に従って上海事変を仕かけて北支事変を日中間の全面戦争に拡大することを企（くわだ）てたことなどが暴露されたいわくつきの人物である。

ソ連の傀儡アフメドジャン・カスミと、中国共産党の秘密党員、張治中とによる出来レースのような和平交渉の結果、東トルキスタン共和国は解体され、イリハン・トレは政府主席の地位を剥奪された。

中国共産党の文献『中国新疆地区伊斯蘭教史』によると、イリハン・トレは迪化の米国領事ティーワと密かに「内通」しようとしていたとされている。ティーワは「華瑞徳（かずいとく）」という漢語名を持つほど中国に入れ込んでいた米国の諜報員である。

イリハン・トレがほんとうに米国へ政治亡命しようとしていたかどうかは定かではないが、頼った相手が悪かった。イリハン・トレはソ連に引き渡され、消息を絶った。東トルキスタン共和国は、中華民国の「新疆省イリ専区」に格下げされて消滅した。

■切り捨てられたソ連の傀儡

一九四六年七月、中華民国の新疆省連合政府が設置され、張治中が新たに主席に任命された。副主席に任命されたソ連の傀儡アフメドジャン・カスミは「中国は我々の祖国であり、我々の故郷である」と公言してはばからなかった。ソ連帰りの古参アバソフが連合政府副秘書長に、新顔のサイフジンが教育長官に任命された。

ところがこれで親ソ派ウイグル人にとってハッピーエンドとはならなかった。わずか一年後、張治中は新疆省主席の座をマスウード・サブリという民族派のウイグル人に譲った。ソ連の傀儡カスミは副主席を解任され、後任に選ばれたのは、なんとあのホタン・イスラーム王国のアミールで、王国崩壊後アフガニスタンに亡命し、カブールで北田正元公使と接触していたムハンマド・イミン・ボグラだった。

また、政府秘書長に抜擢されたのは、竹内義典が残した亡命ウイグル人名簿に載っていたエイサ・ユスフ・アルプテキンであった。

ムハンマド・イミン・ボグラは、大東亜戦争勃発以降、日本からの支援を得ることが難しくなり、ついに重慶の蔣介石政権に身を寄せていたのだ。

加々美光行（かがみみつゆき）氏の『中国の民族問題』（岩波現代文庫、二〇〇八年）によれば、奇妙なことに親ソ派ウイグル人追放人事の背後にはソ連の意向があったとされる。この頃蔣介石に深く肩入れしていたスターリンにとって、傀儡ウイグル人たちの存在が足手まといになったのだ。

親ソ派ウイグル人は、スターリンの裏切りに反発する古参グループと、あくまでもスターリンの意向に忠実に従おうとする新参のサイフジンとに分裂し、たがいに反目し合うようになった。

中華人民共和国の建国を二ヶ月後に控えた一九四九年八月、北京の毛沢東から古参の親ソ派ウイグル人カスミのもとへ招待状が届いた。北京で開かれる会議に出席を求めてきたのだ。カスミは「我々は最高の熱情を以て敬愛する毛沢東先生に感謝と興奮の意を表します」と追従丸出しの返電を打ち、アバソフとともにソ連の航空機で北京へ向かった。だがカスミもアバソフも二度と戻ってこなかった。ソ連領内のバイカル湖付近で墜落事故に遭ったとされているが、真相はいまだに不明である。

留守を預かっていたサイフジンのもとに改めて北京から招待状が送られてきた。サイフジンは何事もなく北京に到着し、毛沢東、劉少奇(りゅうしょうき)、周恩来ら中国共産党の最高指導者たちに引き合わされたあと、カスミらが出席するはずだった会議で「新疆人民は人民解放軍の来臨を切実に期待する」と宣言した。

二ヶ月後、人民解放軍第一野戦軍の戦車隊が轟音を響かせながらウルムチに入城した。中国共産党史ではこれを「新疆和平解放」と称している。

反共民族派のムハンマド・イミン・ボグラとエイサ・ユスフ・アルプテキンはインドに

脱出し、同じテュルク系民族の国トルコを頼ってイスタンブールへ落ちのびていった。

最後までスターリンに忠実だったサイフジンは一九五五年に「新疆ウイグル自治区」が成立すると初代主席に選出され、更に中国共産党中央政治局候補委員へと「ウイグル族」としては最高位にまで上りつめ、二〇〇三年に八十八歳で大往生を遂げた。

■中国共産党支配下のウイグル抵抗運動をたどる

ここからは中国共産党側の文献によって、一九四九年の人民解放軍による東トルキスタン制圧前後から始まるウイグル人による抵抗運動の軌跡をたどってみたい。

中国当局による厳重な情報統制下に置かれている東トルキスタン域内で起きているウイグル人の抵抗運動やその歴史的経緯に関しては情報が少なく入手も困難である。そうした意味で、中国側からの一方的な情報といえども、活用の仕方によっては一定の利用価値がある。それらを中国側の「被害」という表層ではなく、むしろその下に覆い隠されたより本質的な問題、すなわち中国による東トルキスタンの植民地的支配という構造に視点を移して読み解くことによって、その不当性を逆照射することができるのではないか。どんな情報でもないよりましである。プロパガンダはそれと知ったうえで裏読みすればよいのである。

一九五〇年から五二年にかけて、東トルキスタン各地で数千人から数万人の部族単位の大規模な武装蜂起が相次いだ。中国共産党は徹底した武力弾圧でこれに臨んだが、続発してやまない抵抗運動の背景には、土地改革や生産手段の集団所有化といった急進的な社会主義化政策への反発があることを認めざるを得ず、政策の一時中止に追い込まれた。

事態を打開するため、一九五一年にクルジャで少数民族幹部会議が招集された。ところが参加者のなかから「ウイグルスタン自治共和国」の樹立や、人民解放軍及び漢人幹部の退去を求める意見が相次ぎ、会議は紛糾した。

狼狽（ろうばい）した中国共産党の新疆分局は拡大会議を招集し、ウイグルスタン自治共和国の樹立を提案したウイグル人幹部たちは徹底的に糾弾され、結局は解任された。北京の党中央も事態を重く見て、現地の党組織、行政機関、そして人民解放軍におけるウイグル人幹部への思想教育の強化を指示した。

こうした雰囲気のなかで一九五五年に「新疆ウイグル自治区」が設置されたが、そもそも「新疆」は地名ではない。十九世紀末に清朝から派遣された左宗棠（さそうとう）という欽差大臣（皇帝直属で特定任務に就く官職）が東トルキスタンを軍事占領して省制を導入した際、「新たな辺境の領土」という意味で採用した呼称で、中華思想を前提とした行政用語である。

　中華民国はそれを踏襲して「新疆省」を置いたが、中国共産党も「東トルキスタン」や「ウイグルスタン」といった本来の地名ではなく、封建王朝の植民地的発想に基づく「新疆」という呼称をそのまま継承しているわけだ。ちなみに中国共産党は近年、「東トルキスタン（東突厥斯坦）」という呼称に極めて神経質になっており、許可なく使用することを禁止しているらしい。

　まつろわぬウイグルの民の手強い独立運動に手を焼いたためか、中国共産党は「新疆生産建設兵団」と称して東トルキスタンに漢人部隊を大量入植させる政策を発動し、一九五四年に第一陣として二十万人が送り込まれた。

　これは平時には平服で経済活動にいそしみ、有事には武装して鎮圧部隊に豹変するいわば予備役の大集団である。兵団員はそのまま東トルキスタンに定着する者が多く、世襲化して既に第二、第三世代の時代に入っており、現在では累計二百五十万人に達していると言われている。これに含まれない人民解放軍の駐留兵員数はもちろん軍事機密として公表されていない。

　更に九〇年代以降は、タリム盆地の油田開発やパイプライン建設の労働者として更に大量の漢人が中国本土から東トルキスタンに入植した。

こうした人為的な大量入植政策の結果、東トルキスタンの人口構成は、一九四九年時点ではウイグル人の比率が八十%近くを占め、漢人比率はわずか七%未満だったのが、二〇〇〇年の人口調査ではウイグル人比率が約四十五%まで低下した反面、漢人比率は四十%近くまで跳ね上がっている。

■中ソ対立と文化大革命の時代——一九六〇〜七〇年代

一九六二年四月、ソ連との国境地帯のイリ及びタルバガタイ地方で、六万人ものウイグル人やカザフ人が家畜三十万頭を連れてソ連に集団逃亡するという大事件が起きた。タルバガタイ地方のチョチェク（漢語名「塔城県」）では県人口の約七十%が逃亡したというから尋常ではない。

しかもそのなかには「新疆ウイグル自治区」の文化庁元長官ズィヤ・サマディや「新疆軍区」の副参謀長ズヌン・タイボフといった政府や軍の高官も含まれていたことが中国当局に衝撃を与えた。ソ連に亡命したズィヤ・サマディは「東トルキスタン解放委員会」という独立運動組織を設立して自ら主席に就任、ズヌン・タイボフは「東トルキスタン解放軍」の司令官に就任した。

当時は中ソ関係が急速に悪化しており、イリは一九四四年にソ連の影響下で東トルキスタン共和国が樹立された故地でもあることから、中国当局は「ソ連の謀略だ」と非難した。その可能性は否定できないが、たとえソ連の工作があったとしても、先祖代々住み慣れた故郷を捨て、よりによってソ連に亡命するというのはよほどのことで、中国共産党の支配下で生きることがいかに耐えがたいものであったかを如実に示している。

中国側が慌てて国境を封鎖すると、クルジャで大規模な騒乱が発生し、共産党委員会支部など権力機構の中枢がウイグル人やカザフ人に襲撃された。中国当局は徹底的に武力弾圧したが、多くの幹部職員や共産党員など、体制側のウイグル人も蜂起に加わっていたことが判明して再び当局に衝撃が走った。

一九六六年に文化大革命が勃発すると、東トルキスタンも大混乱に陥った。中国本土から紅衛兵が乗り込んできて、赤い表紙の『毛主席語録』を手に掲げ、「打倒四旧」（旧思想、旧文化、旧習慣、旧風俗の破壊）などという愚劣なスローガンを叫びながらモスクを破壊したり、コーランを焼却したり、イスラーム聖職者の顔にペンキを塗って市中を引き回したりするなど乱暴狼藉（ろうぜき）の限りを尽くした。

そうした混乱のなか、一九六七年にトフティ・クルバンというウイグル人を中心として、ウルムチ、カシュガルに「東トルキスタン人民革命党」という秘密政党が結成された。中国側が大混乱に陥っていた好機に乗じて、東トルキスタン各地で急速に党勢を拡大し、翌年には全土をカバーする統一的な組織を完成させた。更に、武装根拠地を建設してゲリラ戦を準備するほどの実力を蓄えた。

だが一九六九年、「東トルキスタン人民革命党」主席トフティ・クルバンは中国の民兵組織に拘束され、ほかの幹部はソ連に逃亡した。中国当局は「東トルキスタン人民革命党」はソ連の支援を受けており、ソ連の諜報員が多数潜入していたと非難した。

■改革・開放後も続く弾圧——一九八〇年代

一九七八年末に鄧小平が打ち出した改革・開放路線は、皮肉にも東トルキスタンの社会的緊張を高める方向に作用した。

宗教に対する一時的な緩和政策や、対外開放政策によってメッカ巡礼が解禁され、海外イスラーム圏と接触する機会が増加したため、ウイグル人のイスラーム回帰に拍車がかかった。一方、市場原理の導入によって漢人が居住する中国沿海部と東トルキスタンやチベットなど内陸部の経済格差が急速に拡大し、ウイグル人の抑えに抑えた積年の怒りがついに爆発、東トルキスタン各地で民族蜂起が相次いだ。

一九八〇年四月、クルジャとカシュガルのほぼ中間に位置するアクスという小都市で、ウイグル人青年が変死したことをきっかけに、三千人余りの群衆がその遺体を担いで「漢族は出ていけ」と叫びながら中国共産党支部などを襲撃し、三日間、騒乱状態になる事件が起きた。

翌年三月、カシュガル西方のファイザバードという小都市で、十代から二十代の若者が「東トルキスタン燎原党（りょうげんとう）」を結成し、民兵の武器庫を襲撃して武器弾薬を調達し、「民族人民解放戦線」の旗幟（きし）を掲げてジハードを叫んだが、公安と軍に包囲されて全員投降し、十三名が処刑された。中国共産党はこれを「燎原党事件」と称している。

一九八五年十二月、ついに「新疆ウイグル自治区」の首府ウルムチで初めて抗議の声が上がった。二千人余りのウイグル人学生が「漢人は新疆から出ていけ」「新疆独立万歳」と叫びながら無許可でデモ行進を行った。騒乱になる前に抑え込まれたが、ホタン、アクスなど東トルキスタン各地や、北京、上海など中国の諸都市にもウイグル人学生による抗議デモが波及した。

一九八八年六月、ウルムチ大学で漢人学生とウイグル人学生を学生寮に同居させたところ、漢人学生がトイレに差別的な張り紙を貼り、それに激怒した五百人余りのウイグル人学生が、「漢人を追い出せ」と叫びながら無許可でデモ行進した。このとき、学生リーダーとして学籍を剝奪されたドルクン・エイサ氏はその後トルコを経てドイツに亡命し、東トルキスタン独立運動の世界的な指導者の一人となり、現在は世界ウイグル会議の総裁をつとめ、近年何度か来日している。

八〇年代に東トルキスタン各地で続発した抵抗活動に見られる新たな特徴として、若者が数多く参加するようになったことが指摘されている。その多くは、宗教活動に対する規制緩和によって各地に開設されるようになった私営の神学校で学んだイスラーム神学生である。中国当局はこれらの神学生を「学生」と漢訳せず、あえてアラビア語「ターリブ」の音訳「塔里甫」と表記している。これはアフガニスタンの過激派原理主義集団タリバン（音訳は「塔里班」）を連想させ、神学生のイメージを失墜させる情報操作ではないか。

これらはあくまでも中国側が一方的に流している情報であり、どれだけ事実を反映しているのか検証する手だてがない。むしろ中国当局の有無を言わせぬ一方的な武力弾圧がウイグル人を追いつめ、一部の活動家が切羽詰まって非常手段に訴えるようになり、それを弾圧すればするほど更に先鋭化させるという悪循環に陥っていると見るべきであろう。

■頻発する重大事件と国際化——一九九〇年代

一九九〇年四月、カシュガル南方のアクト県で重大事件が発生した。中国は人口抑制のため「一人っ子政策」を推進しているが、その説明会場で中国共産党幹部の態度に憤激したウイグル人住民が幹部と乱闘したことが発端だった。現場に急行した治安要員が住民によって殺害されたため、激高した中国当局は人民解放軍の砲兵部隊や空軍戦闘機の出撃を要請して殲滅作戦を展開し、報復として住民を大量虐殺するという重大事態に発展した。この事件は中国とウイグルの双方が歴史的な事件として位置づけている。

中国当局はこれを「バリン郷事件」と称し、ツェディン・ユスプという人物が率いる「東トルキスタン・イスラーム党」という非合法政党による「反革命暴乱事件」だと決めつけている。反革命罪という罪状は中国共産党の統治下では最も峻厳な響きがある。

一方、世界ウイグル会議はこの事件を「バリン革命」と呼び、東トルキスタン内外でのウイグル民族抵抗運動活発化のきっかけとなった画期的事件と位置づけている。この事件に抗議するため、一九九二年に全世界から千人以上のウイグル人亡命者がトルコのイスタンブールに結集した。その場で「東トルキスタン民族会議」が成立し、それまで各国に分散していた独立運動組織の一元化が一気に進むようになった。

一九九一年にソ連が崩壊し、中央アジア諸国が独立を遂げ、ウイグル人と同じテュルク系民族であるカザフ人やキルギス人などが独自の国家を樹立したことが、ウイグル人の独立願望をますます刺激した。

一九九〇年から九五年のあいだに二十六件もの爆破ないし爆破未遂事件が東トルキスタン各地で発生し、このうち九二年二月にウルムチで起きたバス爆破事件は海外でも報道された。

一九九七年二月、イリ地方の中心都市クルジャで「東トルキスタン・イスラーム真主党」による民族蜂起が発生し、ウイグル人の住民が「異教徒と闘え」という横断幕を掲げ、「漢人を駆逐せよ」「イスラーム王国を樹立せよ」などと叫びながら無許可でデモ行進をしたところ騒乱状態となり、巻き込まれて十歳のこどもを含む七名が死亡、公安警察官三十人が負傷、うち十四名が重傷という重大な事態となった。中国当局はこれを「イリ事件」と呼び、「新疆解放後、最も深刻な騒乱事件」と位置づけている。

一方、世界ウイグル会議はこの事件を「クルジャ大虐殺」と呼び、中国当局による民族浄化事件だと糾弾している。水谷尚子氏は『中国を追われたウイグル人』(文春新書、二〇〇七年)で、このときデモに参加して中国当局に逮捕され拷問を受け、その後釈放されてドイツに亡命したアブドゥサラム・ハビブッラ氏へのインタビューを収録している。

同年二月下旬には、ウルムチのメインストリートで五分間に三台のバスが連続して爆破され、三名が即死、更に六名が救護活動中に死亡、この五年前に同地で起きたバス爆破事件をはるかに上回る規模の重大事件が発生した。

中国側が垂れ流すおびただしい「テロ」情報は、ウイグル人による抵抗運動がいかに頻繁に、いかに連綿と続けられてきたかをあぶり出す結果にもなっている。私は東トルキスタンの戦後史を知れば知るほど、ウイグル人こそ防共回廊の最良のパートナーであったという意を強くする。

「新疆省方面は、強烈な信仰信条を持つ回教民族だから、容易にその団結は崩れないと思う」。大正末期にこう語っていた林銑十郎の見立ては、やはり的を射ていたのだ。

ウイグル人にとってはどうだったのか。日本の盟邦たる独立国家の国民として生きるのと、中国共産党支配下の「自治区」の住民として生きるのと、畢竟どちらが幸福だったか。それは、読者の煩を承知であえて延々と書き連ねてきたウイグル人の戦後史を振り返るだけで充分だろう。それだけに、防共回廊の計画未遂が惜しまれてならない。

国際情報戦の時代――二〇〇〇年代

中国側の文献を通覧しただけでも、独立を希求してやまないウイグル人の抵抗活動は文字通り枚挙にいとまがない。中国当局は手を血に染めたやましさからか、こうした経緯を長らく公表せず、ひた隠しに隠してきた。

しかし二〇〇一年九月十一日に米国で起きた同時多発「テロ」をきっかけに、中国当局は東トルキスタンで起きてきた「テロ事件」をむしろ積極的に海外へ広報し、中国側の「被害」を喧伝することによって、テロとの戦いを掲げる米国の同情と共感を買うという戦術に転換した。

国務院の新聞弁公室は二〇〇二年一月に「〝東突〟(東トルキスタン)テロ勢力は罪を逃れられない」と題し、東トルキスタン関連の「テロリスト勢力」が国際テロ組織と連携しているという声明を発表した。するとその翌日、当時の米国国務省のバウチャー報道官が「中国とアメリカはともにテロリズムの被害者である。我々は中国と反テロの協力を切望し、新疆その他中国国内でのテロによる暴力に反対する」と表明した。

　この反応に小躍りした中国当局はウイグル人による過去の「テロ」情報をさかんに公表し、米国政府へも通報するようになった。これを受けて米国国務省は、アフガニスタンに亡命したウイグル人ハサン・マフスムが率いていた「東トルキスタン・イスラーム運動（ＥＴＩＭ）」を「テロ組織」と認定し、在米資産を凍結した。水谷尚子氏の前掲書によると、その後ハサン・マフスムは二〇〇三年にパキスタン国軍に射殺され、組織は壊滅させられたという。中国当局の思惑通り、米国は中国の情報戦にまんまと乗せられたわけである。

　しかし米国はその後、中国に利用されたことに気づき、二〇〇五年にラビア・カーディル氏の亡命を受け入れ、アメリカ民主主義基金（ＮＥＤ）を通じて資金援助を行うまでに方針転換している。

　二〇〇九年十月、待望されていたラビア・カーディル氏の自伝の邦訳が出版された（『ウイグルの母　ラビア・カーディル自伝』武田ランダムハウスジャパン）。ラビア・カーディル氏は一介の主婦だったが離婚を機に商才が目覚め、折しも始まった改革・開放路線が追い風となり、中国第七位の億万長者となる。そのプロセスはまるで「わらしべ長者」の物語のように痛快である。更に政界にも進出し、政治協商会議委員（日本の参議院議員に相当）

に抜擢され、当時の中国の最高権力者、江沢民とも会見する。

ラビア・カーディル氏は更なる昇進をほのめかされるが、中国共産党の「民族融和政策」の広告塔を演ずる気は毛頭なかった。政治協商会議で東トルキスタンの悲惨な状況を率直に語る演説を事前検閲なしに行ったため、すべての公職を解任される。

一九九九年、ウルムチを訪問した米国議会使節団と接触しようとした直前に当局に拘束され、六年間の獄中生活を送る。真実を話すことが「国家機密漏洩罪」にあたるということ自体が中国の現体制の矛盾を象徴している。

ラビア・カーディル氏は海外の人権団体などの運動によって釈放され、米国に亡命者として迎えられる。

その後、二〇〇六年に世界ウイグル会議議長に就任。二〇一三年に世界代表会議を東京で開催、各国から亡命ウイグル人の代表が参加した。ラビア・カーディル議長ら一行は、戦前日本に亡命し、日本に骨を埋めたウイグル人たちが眠る多磨霊園で追悼式典を挙行したほか、アジア解放のために散華した日本の英霊に敬意を表するため、靖國神社にも参拝した。

ラビア・カーディル氏は二〇一七年に議長を退任したが、現在も二人の子息を拘禁されたままで、自身も暗殺の危機にさらされながら、ウイグルの自由を国際社会に訴え続け、ノーベル平和賞候補に何度もノミネートされている。

■世界に広がるウイグルの抵抗運動

二〇〇八年三月に北京の民族出版社から刊行された『〝東突〟的歴史与現状』という中国共産党の文献は、海外で活動する東トルキスタン独立勢力を「三つの塊（かたまり）」と「四つの力」に分類している。

「三つの塊」とは、「大本営」である西アジア（トルコのイスタンブール）、「橋頭堡（きょうとうほ）」である中央アジア諸国やアフガニスタン、宣伝活動の場である欧米諸国だという。また、中国共産党が言う「四つの力」とは次の勢力を指している。

①戦前から活動を続け、イスタンブールを拠点とする「旧中国国民党系」グループ。
②六〇年代にソ連に集団逃亡し、カザフスタンを拠点とする「旧KGB系」グループ。
③八〇年代の改革・開放政策以降に留学ビザや巡礼ビザで中東諸国へ出国し、アフガニスタンなどで武装組織に参加するようになった「イスラーム原理主義」グループ。
④欧米に亡命し、人権・言論活動を展開するようになった「人権派」グループ。

東トルキスタンの独立運動はいまや世界規模の情報戦の段階に入っている。中国は、近隣諸国に潜伏するウイグル独立運動家の摘発と強制送還を実施させるため、ロシア、カザフスタン、キルギスタン、タジキスタンに「イスラーム原理主義テロ対策」での連携を呼びかけ、一九九六年に上海協力機構（ＳＣＯ）を立ち上げ、各国政府に圧力をかけている。しかしインターネットの普及によって、中国側が一方的に垂れ流すプロパガンダに籠絡されない環境も整いつつある。

二〇〇八年四月二十六日「長野事件」の日、チベット国旗「雪山獅子旗」とともに東トルキスタン国旗「青天白星月旗」が掲げられて注目を集めたのをきっかけに、日本でも東トルキスタン問題への関心と理解が高まった。

同年六月に日本ウイグル協会が設立され、世界ウイグル会議日本全権代表のイリハム・マハムティ氏が会長に就任。同協会の日本語ウェブサイトも立ち上げられ、いまや日本でも中国側の一方的な宣伝だけでなく、ウイグル側が発信する情報も比較的容易に入手できるようになった。

日本人ジャーナリストをも拘束する中国共産党の暴力性

二〇〇八年八月、北京五輪の開催を前に、チベット人やウイグル人の命懸けの抗議活動が表面化した。なかでも世界に衝撃を与えたのは、八月四日にカシュガルで起きた「武装警察隊襲撃事件」であろう。

もしも中国当局が発表した通りの経緯だったのなら、この事件は少なくとも「無差別テロ」と断罪することはできない。なぜなら相手は漢人の一般市民ではなく、軍隊並みの装備を持ち、殺人マシンとして特殊訓練を受けている武装警察隊だったからである。

「武警（ウーチン）」と言えば、東トルキスタンに限らず中国国内でも圧政のシンボル、忌避の対象として市民から恐れられる存在である。その完全武装のプロ集団を、たった二人のウイグル人の一般市民、伝えられるところによるとタクシー運転手と野菜の行商人が、一挙に十六人も倒したのだ。あらゆる暴力は無論否定されるべきだが、少なくとも「テロ」や「テロリスト」といった用語の使用には慎重であるべきだ。フランス人が誇りとするレジスタンスもナチス・ドイツの側から見れば「テロ」である。

中国当局が言う「テロ」行為は、ウイグル人から見れば止むに止まれぬ抗議の意思表示であって、中国当局の血塗られた武力弾圧こそが「国家テロ」にほかならない。圧倒的な兵力で抹殺される寸前の弱小民族にとって、孤立無援の中で残された唯一の抵抗手段が捨て身の攻撃、それしかないのである。

この事件を現場で取材していた日本人ジャーナリスト二名が武装警察に連行され、暴行を受けるという事態が発生した。そのうちの一人、日本テレビ中国総局記者の勝田真司氏が日本テレビの夕方の報道番組「リアルタイム」で語ったところによると、取材中いきなり後ろ手に縛り上げられ、髪の毛をつかまれたまま警察署に連行されたという。

勝田氏は連行される際の様子を録音しており、その音声が番組で全国放送された。「私は日本の記者だ」と北京語で叫ぶ勝田氏に対し、武装警察官は「記者だからなんだ？　このクソ野郎、何が記者だ！」と毒づいている。外国メディアのジャーナリストであることを百も承知での確信犯的行為だったことが明白である。

その後、勝田氏は警察署の中庭で地面に顔を押しつけられ、顔面を二、三発殴打されたと証言した。一方、中日新聞東京本社（東京新聞）写真部カメラマンの川北真三氏は肋骨三本にひびが入る全治一ヶ月の重傷を負わされたと報道されている。二人は理由の説明もないまま約二時間拘束されたあと釈放された。

中国当局はジャーナリストの身分保証や報道の自由などの国際的な基本原則を歯牙にも

かけない。正式に取材許可を受けた外国メディアのジャーナリストが法的根拠もなく突然拘束され暴行されるというこの国の前近代的な暴力性が、皮肉にも平和の祭典オリンピックをきっかけに明るみに出たわけである。

■破壊される「千年の古都」

北京五輪の閉会式が終わるのを待ちかねたように、中国当局によるウイグル人への報復とも言える弾圧が始まった。

八月二十六日付の朝日新聞は、閉会式があった二十四日から二十五日にかけて、古都カシュガルで、旧市街に住む数万人のウイグル人に対して突然立ち退き通告がなされたと報じた。カシュガル旧市街は千年の歴史を持つ由緒ある街並みを誇る古都であり、本来はユネスコの世界遺産に登録されるべきウイグル文化の精華の一つである。それを中国当局は、老朽化を理由に、ごく一部を残してまるごと破壊し尽くすというのだ。

在米ウイグル人協会（ＵＡＡ）は二〇〇九年三月二十四日、「カシュガル旧市街（老城）の破壊を非難する声明」を発表した。それによると、強制移転させられるのは数万人どころかなんと二十二万人、六万五千世帯に上り、旧市街を五平方キロメートルにわたって取り壊す計画が進行中だという。このような暴挙は、単に歴史学、民族学、建築学の貴重な学術資料の喪失に留まらず、一つの民族文化の抹殺にほかならない。

二〇〇五年十一月にNHKが放送した「新シルクロード」の「第九集　カシュガル　千年の路地に詩が流れる」という番組で、カシュガル旧市街のチャサー老城を詳細に紹介した映像を見ることができる。番組で、漢人の団体旅行客たちがウイグルの古都を我が物顔でのし歩く光景を見て、口のなかにじゃりじゃりした砂を噛むような索漠とした思いを禁じ得なかった。漢人観光客たちは北京語で騒々しく喋り散らしながらウイグル人の生活空間を傍若無人に踏み荒らし、いたいけなウイグル人幼児の写真を撮り、よれよれの人民元を握らせて「謝謝（シエーシエー）と言いなさい」と命じていた。

旧市街の伝統様式の家屋に住むウイグル人家庭には一日二百人もの漢人が観光に訪れるという。番組で紹介されたウイグル人家庭では、中学生の少女が民族舞踊を踊ってみせたり、記念撮影に応じたりしたあと、母親が刺繍（ししゅう）入りの帽子やスカーフを漢人に売って生計を立てていた。漢人たちから人民元のチップを受け取るウイグル人少女の屈折した表情に胸が痛んだ。

この番組では、週一回の北京語教育を義務づけられた民族小学校の六年生の授業の様子も紹介していた。教室の壁には、文化大革命時代によく使われた「雷鋒に学べ」というレトロなプロパガンダ・ポスターが貼ってある。紅毛碧眼のウイグル人のこどもたちが漢人と同じようにピオニールの赤いスカーフを首にまかれ、「団結就是力量（団結は力なり）」という共産党讃歌を北京語で合唱させられているのはあまりにも痛ましかった。

ＮＨＫ取材班が生徒たちに「将来の夢は何か」と質問すると、ウイグル人の少女は「北京や上海に行ってもっと北京語を学びたい。社会に存在する悪い人たちを捕まえて社会に貢献したい」と、すらすら答えていた。「悪い人たち」というのは、おそらく中国の圧政への抵抗運動に身を投じたウイグル人同胞のことを意味するのだろう。

テレビカメラは生徒たちの背後で腕組みしてインタビューを監視している漢人男性の教師（？）の陰湿な表情をもとらえていたが、監視されるまでもなくウイグル人少女の表情は確信に満ちており、幼い頭脳が洗脳教育によって完全に毒されているのが見て取れた。

北京語教育は、ウイグル人のこどもたちを単に言語の面から漢化するだけでなく、中国共産党のマインドコントロールの強力な手段でもある。抹殺されなんとしているのは、由緒ある街並みや建築物だけではなく、民族の魂そのものなのだ。

■漢人暴徒が繰り広げた野蛮な光景

二〇〇九年七月五日、「新疆ウイグル自治区」の首府ウルムチで平和裡にデモを行っていたウイグル人の群衆が武装警察と衝突して大規模な騒乱が発生、イタリア訪問中だった国家主席、胡錦濤がサミット出席を中止して急遽帰国する事態となった。

この事件に関して中国当局は当初、死者百四十人、負傷者八百二十六人としていたが、七月十一日に死者数を百八十四人と上方修正し、このうち漢人が百三十七人、ウイグル人四十六人、回族一人と民族別の内訳も発表した。まずこのアンバランスな数字自体が、漢人側の被害を一方的に強調する情報操作であることは明白だ。

中国当局は当初から一貫してウイグル人側の被害には一切触れず、バスや警察車両を襲撃するウイグル人と、負傷して血まみれの漢人の映像のみを繰り返し垂れ流していたことからもその意図は明らかである。ウイグル人＝加害者、漢人＝被害者と印象づけようとしたあまりにも見え透いた演出で、これを情報操作と呼ぶのはむしろ褒め過ぎかもしれない。

現地では当局が外国メディア向けにプレスセンターを設置したり、「取材ツアー」を手配したりして情報統制を目論んだ。だが、それが裏目に出る事態が起きた。

七月七日午前、当局が海外メディアの一団を引き連れ、漢人が経営する自動車販売店の被害状況を撮影させていたところ、それに気づいたウイグル人住民が路上に集結し、数百人規模の自然発生的なデモになった。

夫や父親を連行されたウイグル人女性やこどもたちが泣き叫びながら家族の解放を訴え、銃と棍棒で完全武装した数百人の武装警察隊や装甲車に素手で立ち向かう様子が偶発的に撮影され、テレビ朝日の「報道ステーション」などで放映された。これは中国側としては想定外の事態だった模様で、現場の指揮系統が混乱しているのが画面から見て取れる。

このときは惨事に至らなかったようであるが、外国メディアのカメラの目が届かないところではどんな凄惨な事態が進行しているのだろうか。「夫を返して！」「パパ！　パパ！」と泣き叫んでいたウイグル人の女性やこどもたちは顔を隠していなかった。

この前年、ラサの聖地チョカンで外国メディアの取材ツアー中に抗議の声を上げたラマ僧たちもそうだが、命懸けで世界に苦境を訴えようとしたチベット人たちやウイグル人たちがその後どんな酷い目に遭わされたのか、それを思うと胸が張り裂けそうになる。

この日午後、数千人の漢人が群れをなして白昼公然とウイグル人を襲撃し、報復を加えた。青龍刀のような蛮刀、鉄パイプ、角材、スコップ、ヌンチャクなどの凶器を手に、暴徒が白昼堂々と目抜き通りをのし歩くさまをテレビで見た。なんという野蛮な光景か！

近代法治国家では考えられない、まるでホラー映画のような地獄絵である。「報道ステーション」の古館伊知郎キャスターは、テレビ朝日の記者が取材中に、スコップを持った漢人の群集に取り囲まれ、撮影したテープを奪われたという情報も入ってきているとコメントしていた。

この件については日頃親中的なスタンスで知られる朝日新聞でさえ、数千人の漢人暴徒がウイグル人居住地区を襲撃し、神聖なモスクを破壊し、殺人さえ横行していたのに現地警察はそれを黙認したという証言を、九日付ウルムチ発の特派員電として写真入りで報道している。

世界ウイグル会議のラビア・カーディル議長はウイグル人の死者数を一千人から三千人としているが、この数字通りならまさにジェノサイド（大量虐殺）、エスニック・クレンジング（民族浄化）以外の何ものでもない。だが、武装警察や漢人暴徒が殺戮したウイグル人の数を中国側が自ら公表することは決してないだろう。

■事件の背景にある植民地支配構造

現代中国経済論の碩学、小島麗逸氏の研究によれば、ウイグル人は自分たちの土地で、新疆生産建設兵団と巨大国有企業群の二重支配下で苦しめられているという。

生産建設兵団は大量入植した漢人部隊であることは既に紹介したが、北京の中央軍事委員会直属で、「自治区」政府の管轄権が及ばない治外法権的存在となっており、農業用水の豊富な国境地帯や幹線鉄道の沿線地帯など、立地条件の良好な土地の使用権を優先的に配分され、農業、農産物加工業、綿紡績工業などの基幹産業において独占的地位を保障されているという。

一方、本来は東トルキスタンに帰属する資源であるはずの石油、天然ガス、レアメタル、ウランなどの豊富な戦略物資の開発は、ペトロチャイナやシノペックといった北京に本社を構える中央国有企業の直轄事業とされており、新疆生産建設兵団でさえ手を出せない。これら中央国有企業の従業員のうち、ウイグル人など非漢人が占める比率は一九九〇年の時点でわずか十%に満たないという。小島氏はこうした事実こそ、「漢民族による新疆支配を象徴的に物語るものである」と指摘している。

ウイグル人は自らの国土で中国の巨大国有企業群と新疆生産建設兵団という漢人組織の

二重支配下に置かれ、漢人入植者に良好な耕地や水源を奪われ、天然資源や基幹産業から閉め出された結果、劣悪な立地での農業、市街地での行商や零細サービス業など低収入の就業機会しか許されていないのが実態である。漢人とウイグル人の経済格差はまさに中国当局の国策、と言うより植民地的な支配構造が必然的にもたらす結果にほかならないのだ。

「ウルムチ七・五事件」は、この植民地構造の矛盾が臨界的に達したことを示す歴史的事件である。そもそもウルムチはウイグルの地において異質な都市である。その起源は十八世紀に乾隆帝が東トルキスタン攻略の際に建設した軍事拠点で、かつては「夷狄を教化する」という差別的意味の「迪化」と命名されていた。

中華民国時代も漢人独裁者が君臨し、中共による「自治区」設置後も「新疆軍区」の司令部が置かれた。要するにウルムチは東トルキスタンにおける漢人による植民地支配の象徴たる一大拠点であり、ウイグルの地でありながら漢人とウイグル人の人口比率は九対一となっている。

圧倒的多数の漢人にごく少数のウイグル人が脅かされながら生活しているという特殊な都市なのだ。それゆえ、ウルムチでウイグル人が漢人に対して抗議に立ち上がるのは多勢に無勢の命がけであり、よほど追いつめられての止むに止まれぬ義挙だったのである。

■ウイグル人強制収容問題と日米の対応

「ウルムチ七・五事件」は、「新疆ウイグル自治区」トップの党委書記として十五年も君臨し、「新疆王」と忌み嫌われてきた漢人独裁者、王楽泉の失脚をもたらした。

しかし「チベット自治区」党委書記としてチベット人弾圧に辣腕を振るった陳全国という漢人が、二〇一六年に横滑りで「新疆ウイグル自治区」党委書記に就任して以来、再びウイグル人に対する弾圧が激化した。東トルキスタン各地に「再教育センター」なる巨大な強制収容施設が続々と建設され、百万人ものウイグル人が不当に拘束されている事実が発覚し始めた。

ＮＨＫは二〇一八年七月十九日放送のＢＳ１「国際報道２０１８」で、「中国でウイグル族大量拘束　今何が？」という特集を組み、在日ウイグル人たちの愁訴を世に伝えた。

翌月、中国によるウイグル人強制収容問題が、ジュネーブで開催された国連人種差別撤廃委員会で取りあげられたことから、欧米諸国でも懸念の声が高まるようになった。「ニューズウィーク日本版」は、十月に「日本人がまだ知らないウイグル弾圧」という特集号

（二〇一八年十月二十三日号）を発売している。

迫害の実態については、在日ウイグル人有識者会議がまとめた「中国のウイグル人への弾圧状況についてレポート」が衝撃的である。このレポートは日本ウイグル協会の公式サイトで閲覧できるので、ぜひ読んでみて頂きたい。「新疆ウイグル自治区」そのものが「野外刑務所」と化し、ウイグル人の文化、言語、宗教、アイデンティティを根絶する狂気の沙汰の民族浄化作戦が、国策として組織的に遂行されていることがわかる。

http://uyghur-j.org/2018O908/uyghur_japan_report_20180908.pdf

この事態を受け、二〇一八年八月に米国連邦議会が動き出し、超党派の議員団が、ウイグル人を弾圧している陳全国ら複数の中国政府当局者に制裁を発動するよう求める書簡をポンペイオ国務長官とムニューシン財務長官に送付した。追及の中心となっているのは、二〇一六年の大統領選挙の予備選でドナルド・トランプ氏と共和党候補の指名を争ったマルコ・ルビオ上院議員である。

ルビオ上院議員はその後、ウイグル問題で対中制裁の検討を求める法案の上下両院への提出を主導したほか、北京開催が決まっている二〇二二年の冬季オリンピックについても開催地の変更を国際オリンピック委員会（IOC）に求めるなど、対中批判を強めている。

米国政府の対応が注目される中、国務省の報道官は九月に「ウイグルの弾圧強化を深く懸念している」と表明した。

さらに十月四日、ペンス副大統領がハドソン研究所で行った演説は世界の耳目を聳動させた。ペンス副大統領は、中国による貿易問題や知的財産権の侵害、尖閣諸島周辺や南シナ海での海洋進出問題などとともに、百万人ものウイグル人が収容所で思想改造を受けている人権侵害問題にも言及し、中国を強く批判した。

そして、過去の米国歴代政権による腰が引けた対中政策を一変し、中国による国内外での目に余る無法な行為を容認しないという、断固たる決意を表明したのだ。

冷戦時代、朝鮮戦争とベトナム戦争で中国と激しく対立してきた米国は、ニクソン大統領の電撃的な北京訪問、毛沢東との最高首脳会談によって対中融和路線に転じた。

ペンス副大統領の演説は、「ニクソン・ショック」以来の米国の対中融和路線を劇的に転換した歴史的演説として、後世の史家に評価されるかもしれない。

米国の最高首脳レベルがもし、ウイグル問題の重要性にようやく目覚め、対中封じ込め戦略の秘策として、米国なりの「防共回廊」の布石を打ち始めたのならば頼もしい。

日本の対応はどうか。日本ウイグル協会を立ち上げたイリハム・マハムティ氏の奔走により、二〇一二年四月二十三日、自民党本部で日本ウイグル国会議員連盟の設立総会が行われた。安倍晋三衆議院議員等が顧問、古屋圭司衆議院議員が会長、衛藤晟一参議院議員が幹事長に就任した。黄文雄先生と共に私も日本ウイグル協会会員として出席した。

http://uyghur-j.org/news_20120423.htm

当時は民主党政権時代だったが、その後、安倍氏は総理の座に返り咲き、古屋氏は第二次安倍内閣で国家公安委員長兼拉致問題担当大臣等を歴任、衛藤氏は総理大臣補佐官の要職に就任した。

中国のウイグルに対するナチス顔負けの許されざる蛮行を看過せず、勇気と誠意ある対応を望みたい。

■「一帯一路」vs「防共回廊」――二十一世紀のグレート・ゲーム

中国当局がウイグル人弾圧を強化している背景には、習近平が提唱している「一帯一

日本ウイグル国会議員連盟の設立総会（2012年４月23日）。前列中央のイリハム・マハムティ氏を囲み、安倍晋三、古屋圭司の各氏。後列中央に衛藤晟一氏、左から３人目が著者（日本ウイグル協会提供）

路」構想が関係している。中国から中央アジア・中東を経てヨーロッパまで連なる経済圏において、モンゴル・ロシア・カザフスタン・キルギス・タジキスタン・アフガニスタン・パキスタン・インド・チベットに接壌（せつじょう）する東トルキスタンは地政学的要衝に位置づけられるからだ。

この「一帯一路」構想こそ、中国がユーラシア大陸全体を華夷（かい）秩序に組み込み、自国の勢力圏にせんとする国家意思の発露である。これまでモンゴル、チベット、ウイグルという周辺の異民族圏を併呑（へいどん）することで拡大してきた中華帝国を、さらに外延的に拡張しようという装いも新たな帝国主義にほかならない。

中国は、アジア開発銀行（ＡＤＢ）に対抗して、アジア・インフラ投資銀行（ＡＩＩＢ）を設立した。それは時期的に「一帯一路」構想の発動と符合する。両者はもちろん表裏一体である。

ＡＤＢの設立目的は「経済開発」であり、日本が主導してアジア諸国の戦後の復興と経済発展を支援してきた。

これに対し中国が設立したＡＩＩＢは、「インフラ整備」に特化しているところに、あざとい含意が込められている。

「革命は銃口から生まれる」と言ったのは建国の父、毛沢東だ。中国共産党の伝統的思考様式では、政治は経済に優先し、軍事は政治に優先する。

「一帯」すなわち陸路については鉄道網や道路網、「一路」すなわち海路については港湾施設など、要するに平時であれ有事であれ、いつでも軍事転用可能な兵站（へいたん）ネットワークを張り巡らせることで、ユーラシア大陸とその周辺海域への軍事的アクセスを確保・拡充することを企図しているのは明白だ。

かつて帝政ロシアがシベリア鉄道を敷設することによって極東に進出し、英国が七つの海を支配することによって「日の沈まぬ帝国」を築きあげ、日本とドイツが「空のシルクロード」と呼ばれた欧亜連絡航空路を東西からリンクさせることによって、先行する英露に拮抗しようとして果たせなかった、あのグレート・ゲームの先蹤（せんしょう）を踏襲しようとしているのだ。

ここに、歴史の彼方に埋もれた「防共回廊」構想に、いま再び光を当てる意義が明らかとなる。モンゴル、チベット、ウイグルの自律を支援し、中国の統制下から解放することができれば、中央アジアおよび親中国家パキスタンと中国本土との地理的接壌が遮断され、「一帯一路」構想の土台を根底から掘り崩すことができる。

それのみにとどまらない。いつの日か、モンゴル、チベット、ウイグルの独立の悲願が達成され、これら新生国家の発展と繁栄を日本が支援すれば、「中華人民共和国」という名の中華帝国は解体を余儀なくされ、本来のサイズに縮小した漢人国家の周囲を親日反中国家群が囲繞（いにょう）するという、まったく新たな地政学的秩序が誕生する。

東アジアのパワーバランスは一変し、日本の安全保障環境も一新される。これこそ北京が最も恐れる悪夢のシナリオである。

「防共回廊」は終わっていない。いまも有効な地政学戦略なのだ。

「防共回廊」を構想した林銑十郎と松室孝良は、モンゴルとウイグルに独立国家を樹立させ、これを中東イスラーム圏とリンクさせ、ソ連と中国共産党との連携を遮断してアジアの赤化を防止しようとした。

それから半世紀以上経った現在、脅威の主体はソ連の共産主義から中共の拡張主義へと変わったが、我が国が直面している脅威の深刻さには変わりがない。

二十一世紀のグレート・ゲームの幕が切って落とされた今、「防共回廊」を歴史の彼方から再発見し、先人たちの智慧に改めて学ぶ価値があるのではないか。

■先人たちの戦後

林銑十郎は日本の敗戦を見ることなく、大東亜戦争さなかの一九四三年に亡くなった。享年六十六歳。林が生んだ双生児とも言うべき善隣協会と大日本回教協会は、敗戦後GHQの命令で解散させられた。

松室孝良の戦後の足跡はどうなったのか。いろいろ調べてみたがついに手がかりがつかめなかった。一九六九年に九十三歳で亡くなっている。

戦前、アフガニスタンでウイグル人指導者ムハンマド・イミン・ボグラと個人的信頼を深めた外交官、北田正元は、戦後、日本アフガニスタン協会の初代会長をつとめ、一九七七年に九十歳で亡くなった。戦前から変わらなかったアフガニスタンへの北田の強い想いが、防共回廊の要石のようなこの小さな山岳国家を守護していたのだろうか。北田の死の翌年、ソ連軍の戦車部隊が結界を破り、地響きを上げながらアフガニスタン領内に侵入し、二十一世紀の今日まで続く、出口の見えない混迷の時代の幕が切って落とされた。

北京と内モンゴルでウイグル人たちと起居をともにした満鉄の調査員竹内義典は、戦後も数奇な人生を歩んだ。敗戦後しばらく北京で中国国民党系の世界科学社という出版社で研究活動をしていたと竹内自身は回想記に書いている。だが、その頃北京で竹内と会ったという小村不二男は、竹内が国民党系の諜報機関、軍事統制調査局に徴用され特殊任務についていたと『日本イスラーム史』で明かしている。「回教関係者は給与もよく特典もあるので、ぜひ残留し現地で回教運動を再開してはどうか」と竹内は熱心に小村を勧誘したという。

小村によると、竹内は語学の天才で、英語、漢語、ロシア語、モンゴル語、ウイグル語、アラビア語、ヒンドゥー語、ウルドゥー語の八ヶ国語をマスターしたと自慢していたという。また、兵要地誌の作図技能でも傑出しており、ウイグル語地名による精密な東トルキスタン全図を作成していたという。

竹内は中国共産党政権成立の前年に日本へ引き揚げ、在日米軍の空軍顧問になった。その後インドに渡ってイスラーム研究に従事し、更にパキスタンに渡ってカラチの日本人クラブの支配人になった。おそらく、竹内はその特殊な才能を武器にして、戦後も一個人として諜報の世界を渡り歩いたのであろう。そしておそらく、日本でそれを活かせる職場はなかったのだ。

竹内は一九六三年にカラチの土産物屋で、折しもパキスタンを訪問していたエイサ・ユスフ・アルプテキンと偶然再会したという。「これがある事件の起因となりました」という謎めいた暗示で、竹内の回想記は終わっている。

小村不二男もカラチで竹内と会ったことがあるという。「彼の持って生まれた鬼才ともいうべき特技がかえって禍い(わざわい)となり、それから数年後、予測もできないような不祥事件をパキスタンで惹起し、身をもって苦杯を呑まねばならない羽目になった」と、読者に隔靴(かっか)掻痒(そうよう)の感だけ与え、小村は筆を置いている。

小村の思わせぶりな謎かけは、竹内の素っ気ない暗示とも符合する。竹内が巻き込まれた凶事にエイサ・ユスフ・アルプテキンのパキスタン訪問が関係しているらしいが、その真相は闇に包まれたままだ。竹内義典は一九七〇年にパキスタンから帰国し、一九八五年、神奈川県葉山の自宅近くの喫茶店でこと切れているところを発見されたという。

エイサ・ユスフ・アルプテキンについては、戦時中マフムード・ムフィティに率いられて日本に亡命してきた十五名の部下の一人だったと、竹内も小村も書いているが、中国共産党側の文献にはそうした記述は一切出てこない。エイサ・ユスフ・アルプテキンが日本に亡命していた事実があったなら、中国共産党はすかさず「日帝の走狗」と罵声を浴びせるはずだが、そうはしていない。中国共産党側の文献では、エイサ・ユスフ・アルプテキンは漢語が堪能で、早くから中国国民党の手先となり、重慶からウルムチに送り込まれて新疆省政府秘書長に抜擢されたが、中華人民共和国成立後トルコに亡命し、イスタンブールを拠点として「国家分裂」活動に従事した、という文脈で非難されている。

エイサ・ユスフ・アルプテキンは一九六〇年に東トルキスタン亡命者協会を設立し、一九九二年には全世界のウイグル人亡命者一千人が結集した東トルキスタン民族会議の設立にも参画するなど、ウイグル独立運動の世界的な中心人物となり、一九九四年に亡くなった。

■槿花一朝の夢

内モンゴルで東トルキスタン独立の秘密工作に従事していた小村不二男は、敗戦に際しての心境をこう書き記している。

……シルクロードの彼方、トルキスタンの緑泉オアシスにイスラームのユートピアを建設しようとした筆者らのロマンも理想も「槿花一朝の夢」と消えうせたのである。

小村は戦後も日本でイスラーム運動を続ける。茂川秀和のもとで中国回教總聯合会の首席顧問をつとめた三田了一とともに、日本人ムスリム界の長老として内外の信徒に慕われた。三田はコーランを初めてアラビア語の原典から日本語に翻訳する偉業を成し遂げた（『聖クラーン：日亜対訳・注解』日訳クラーン刊行会、一九七二年）。

一方、小村は浩瀚な『日本イスラーム史』を世に遺した。これは日本とイスラーム圏の関係の裏面史にまつわる秘話の宝庫と言うべき最重要文献である。私は十年以上前に鎌倉の古書店の店頭で偶然この本を見つけて即座に衝動買いした。以来、何度読み返したか数知れない。誤植が多く、年代の間違いなど細かい難点は多々あるものの、それを補って余りある歴史的価値に満ちた貴重な資料であることは疑う余地がない。小村の著作との邂逅がなければ、私が本書を執筆することは不可能であった。

小村は茂川秀和の自宅もときどき訪れ、子息の敏夫氏とも面識があったという。小村が茂川敏夫氏に宛てた最後の葉書が遺されている。

> 今や日本は世界一の長寿天国とやらで、小生も八十四才、三十年昔に妻子とも離別、爾来（じらい）孤独と赤貧の生活を持続して不足と不自由の日々に耐えていますが、当区内の老人ホーム七、八カ所はみな満員で、或るホームは六十名もあくのを待っている状態です。故秀和先生が御健在ならばと悔やまれます。
>
> ところで先月帰って来た雲南の話など致したいのですが、御都合の好い日時、場所を御教示賜らば有難く幸甚です。

小村が孤独と貧困に苛（さいな）まれながらも、八十歳を超えてなお、雲南を訪れるなどイスラーム運動に挺身していたことがうかがえる。チベットやミャンマーと隣接する雲南省は回民が多く居住する地でもあり、なかでも大理という古都は、かつて杜文秀（とぶんしゅう）という回民が清朝に反乱を起こし、回民国家を樹立したことで知られている。

ハッジ・ムハンマド・ムスタファ小村は一九九八年八月十日、八十七歳で亡くなった。

イスラミックセンター・ジャパンの季刊誌『アッサラーム』（八〇号、一九九九年）に追悼文を寄せた市原敏男（いちはらとしお）氏は、「偶成」と題する小村の辞世の偈頌（げじゅ）を紹介している。

偶成　　　　天玄　小村不二男

虎は死して革（ママ）を留め
人は死して名を残す
イスラーム日本の捨て石たらば
などか惜しまんこの命

■「愛する民族よ、過去から教訓を得よ」

一九三〇年代にホタン・イスラーム王国を建国してアミールに即位、馬仲英の攻撃によって王国が瓦解するや、アフガニスタンに亡命して日本の北田正元公使と親交を結び、その後は重慶を経て東トルキスタンに帰還し、省政府副主席に就任したムハンマド・イミン・ボグラは、一九四九年中華人民共和国の成立直後に再びインドへ脱出した。そして最終的にトルコのイスタンブールに安住の地を見つけ、一九六五年六月十四日、アンカラで波乱の生涯を終えた。享年六十八歳。

　ムハンマド・イミン・ボグラの死後二十二年経った一九八七年、イスタンブールで『東トルキスタン史』という書物が出版された。それはボグラがアフガニスタンで日本の北田正元公使の支援を受けていた日々に執筆した原稿がもとになっていた。

　ボグラが自らの生い立ちや独立国家建国の経緯を書き綴り、北田公使が有田八郎外相宛に邦訳を送付した、あの「アミール・ホタン」手記こそ『東トルキスタン史』の原型ではないか。

　共同論文「ムハンマド・エミン・ボグラ著『東トルキスタン史』の研究」（ＮＩＨＵプログラム「イスラーム地域研究」東京大学拠点、二〇〇七年）を執筆した清水由里子・新免康・鈴木健太郎の三氏は、なぜか北田公使の公電について一切触れていない。

　だが、ボグラの著作を「近代的知性により民族主義者としての見地から書かれた、希少な体系的歴史叙述であり」「史料としても、第一級の価値」を持ち、「ウイグル人の精神史・文化史・政治史の上で、重要な位置づけを与えられるべき歴史書」であると激賞している。

ボグラの著作は、世界各地で亡命生活を送りながら祖国の独立を志すウイグル人たちに熱狂的に迎えられた。それゆえ中国共産党は現在でもボグラを激しい糾弾の対象としている。

ムハンマド・イミン・ボグラの『東トルキスタン史』に対して、中国共産党の文献は「分裂勢力の思想的、精神的支柱」(『中国新疆歴史与現状』二〇〇三年刊)、「暴乱と分裂を煽動する政治宣言、新疆民族分裂主義を系統化、理論化した政治的聖典」(『〝東突〟的歴史与現状』二〇〇八年刊)などと最大級の非難を浴びせており、発禁・没収対象に指定して取り締まりに躍起となっている。

しかし同書は様々なルートを介して東トルキスタン領内に持ち込まれ、ウイグル人たちの間で密かに回覧されており、いまや民族の誇り、魂の聖典として燦然たる光輝を放っている。

そのなかの一節を引いて巻を閉じることとしたい。

ああ、愛する民族よ。あなた方の過去から教訓を得なさい。世界の他の諸民族の熱意と自己犠牲を見なさい。今、弱さ、希望のなさ、熱意のなさ、団結のなさ、そして怠慢さという欠点を捨てるよう努力しなさい。あなた方も人間であり、他の者たちも人間なのだ。

ムハンマド・イミン・ボグラ『東トルキスタン史』

参考文献

共　通

大川周明『復興亜細亜の諸問題』大鐙閣、一九二二年。中公文庫、一九九三年

小村不二男『日本イスラーム史』日本イスラーム友好連盟、一九八八年

毛里和子『周縁からの中国　民族問題と国家』東京大学出版会、一九九八年

松本ますみ『中国民族政策の研究』多賀出版、一九九九年

王柯『多民族国家　中国』岩波新書、二〇〇五年

海野弘『陰謀と幻想の大アジア』平凡社、二〇〇五年

若林敬子『現代中国の人口問題と社会的現実』ミネルヴァ書房、二〇〇五年

秦郁彦編『日本陸海軍総合事典〔第二版〕』東京大学出版会、二〇〇五年

楊海英『モンゴルとイスラーム的中国』風響社、二〇〇七年

関岡英之『大川周明の大アジア主義』講談社、二〇〇七年

関岡英之『インド国民軍を支えた日本人たち』明成社、二〇〇八年

加々美光行『中国の民族問題』岩波現代文庫、二〇〇八年

横山宏章『中国の異民族支配』集英社新書、二〇〇九年

テンジン、イリハム・マハムティ、ダシ・ドノロブ、林建良『中国の狙いは民族絶滅　チベット、ウイグル、モンゴル、台湾、自由への戦い』まどか出版、二〇〇九年

第一章

〔チベット関連〕
河口慧海『西蔵旅行記』博文館、一九〇四年。講談社学術文庫、一九七八年
青木文教『秘密の国　西蔵遊記』内外出版、一九二〇年。中公文庫、一九九〇年
多田等観『チベット』岩波新書、一九四二年
ハインリヒ・ハラー『チベットの七年』新潮社、一九五五年
木村肥佐生『チベット潜行十年』毎日新聞社、一九五八年
ロバート・フォード『赤いチベット』新潮社、一九五九年
西川一三『秘境西域八年の潜行（上・中・下）』芙蓉書房、一九六七年。中公文庫、一九九〇年
多田等観、牧野文子編『チベット滞在記』白水社、一九八四年
浅田晃彦『世界無銭旅行者　矢島保治郎』筑摩書房、一九八六年
ダライ・ラマ著、木村肥佐生訳『チベットわが祖国』亜細亜大学アジア研究所、一九八六年。中公文庫、一

九八九年
山口瑞鳳『チベット（上）（下）』東京大学出版会、一九八七〜一九八八年
ペマ・ギャルポ『チベット入門』日中出版、一九八七年
ペマ・ギャルポ『チベットはどうなっているか　チベット問題へのアプローチ』日中出版、一九九〇年
ジョン・F・アベドン『雪の国からの亡命』地湧社、一九九一年
ピエール・アントワーヌ・ジュネ『チベット　受難と希望「雪の国」の民族主義』サイマル出版、一九九一年
ダライ・ラマ著、山際素男訳『ダライ・ラマ自伝』文藝春秋、一九九二年。文春文庫、二〇〇一年
W・D・シャカッパ『チベット政治史』亜細亜大学アジア研究所、一九九二年
江本嘉伸『西蔵漂泊（上・下）』山と渓谷社、一九九三年
木村肥佐生著、スコット・ベリー編『チベット偽装の十年』中央公論、一九九四年
チベット亡命政府情報・国際関係省『チベットの現実』風彩社、一九九五年
チベット亡命政府情報・国際関係省『ダラムサラと北京　提唱と往復書簡（一九八一〜一九九三）』風彩社、二〇〇〇年
英国議会人権擁護グループ報告『チベット白書　チベットにおける人権侵害　改訂新版』日中出版、二〇〇〇年

ダライ・ラマ十四世テンジン・ギャツォ著、マリア・リンチェン訳『ダライ・ラマ来日講演集　智慧と慈悲』春秋社、二〇〇〇年
田中公明『活仏たちのチベット　ダライ・ラマとカルマパ』春秋社、二〇〇〇年
野元甚蔵『チベット潜行1939』悠々社、二〇〇一年
日本人チベット行百年記念フォーラム実行委員会編『チベットと日本の百年』新宿書房、二〇〇三年
ペマ・ギャルポ『中国が隠し続けるチベットの真実』扶桑社新書、二〇〇八年
西村幸祐編『チベット大虐殺の真実』オークラ出版、二〇〇八年
岩田温『チベット大虐殺と朝日新聞』オークラ出版、二〇〇八年
青木文教『西蔵問題　青木文教外交調書』慧文社、二〇〇九年
チベット亡命政府情報・国際関係省『約束の庭　中国侵略下のチベット五〇年』風彩社、二〇〇九年
チャールス・ベル『西蔵　過去と現在（改訂版）』慧文社、二〇〇九年
F・E・ヤングハズバンド『西蔵　英帝国の侵略過程』慧文社、二〇〇九年
棚瀬慈郎『ダライラマの外交官ドルジーエフ』岩波書店、二〇〇九年

［モンゴル関連］
松室孝良「蒙古国建設に関する意見」一九三三年十月。『現代史資料8日中戦争〈1〉』みすず書房、一九六

四年に所収
松室孝良「満洲国隣接地方占領地統治案」一九三四年二月。同右
関東軍参謀部「対内蒙施策要領」一九三五年七月。同右
関東軍参謀部「対蒙（西北）施策要領」（極秘関参謀第九号）一九三六年一月。同右
長尾雅人『蒙古ラマ廟記』高桐書院、一九四七年。中公文庫、一九八七年
長尾雅人『蒙古学問寺』全国書房、一九四七年。中公文庫、一九九二年
松井忠雄『内蒙三国志』原書房、一九六六年
オーウェン・ラティモア『モンゴル遊牧民と人民委員』岩波書店、一九六六年
防衛庁防衛研修所戦史室『戦史叢書　北支の治安戦〈1〉』朝雲新聞社、一九六八年
防衛庁防衛研修所戦史室『戦史叢書　支那事変陸軍作戦〈1〉』朝雲新聞社、一九七五年
宮村三郎『林銑十郎　その生涯と信条』原書房、一九七二年
泉可畏翁「板垣参謀長の思い出」板垣征四郎刊行会編『秘録板垣征四郎』芙蓉書房、一九七二年に所収
田中克彦『草原の革命家たち　モンゴル独立への道』中公新書、一九七三年
磯野富士子『モンゴル革命』中公新書、一九七四年
萩原正三『関東軍特務機関シルクロードに消ゆ　大陸政策に青春を賭けた慟哭の記録』ビブリオ、一九七六年

司馬遼太郎『街道をゆく　五　モンゴル紀行』朝日文芸文庫、一九七八年
善隣会編『善隣協会史』日本モンゴル協会、一九八一年
A・M・ナイル『知られざるインド独立闘争』風濤社、一九八三年
内田勇四郎『内蒙古における独立運動』朝日新聞西部本社編集出版センター、一九八四年
安井三吉「少数民族と抗日戦争」池田誠編著『抗日戦争と中国民衆　中国ナショナリズムと民主主義』法律文化社、一九八七年に所収
笹目恒雄『神仙の寵児　四　天恩編（上）』国書刊行会、一九九一年
司馬遼太郎『草原の記』新潮社、一九九二年
山室信一『キメラ　満洲国の肖像』中公新書、一九九三年
ドムチョクドンロブ（徳王）著、森久男訳・解説『徳王自伝』岩波書店、一九九四年
太平洋戦争研究会『図説満州帝国』河出書房新社、一九九六年
B・ツェベクマ著、鯉淵信一構成・翻訳『星の草原に帰らん』日本放送出版協会、一九九九年
戸部良一『日本陸軍と中国』講談社、一九九九年
森久男編『徳王の研究』創土社、二〇〇〇年
W・ハイシッヒ著、田中克彦訳『モンゴルの歴史と文化』岩波文庫、二〇〇〇年
太平洋戦争研究会『図説日中戦争』河出書房新社、二〇〇〇年

中山隆志『関東軍』講談社、二〇〇〇年
波多野勝『満蒙独立運動』ＰＨＰ新書、二〇〇一年
宮脇淳子『モンゴルの歴史　遊牧民の誕生からモンゴル国まで』刀水書房、二〇〇二年
生駒雅則『モンゴル民族の近現代史』東洋書店、二〇〇四年
島田俊彦『関東軍　在満陸軍の独走』講談社学術文庫、二〇〇五年
宮脇淳子『世界史のなかの満洲帝国』ＰＨＰ新書、二〇〇六年
小谷賢『日本軍のインテリジェンス』講談社、二〇〇七年
加藤陽子『満州事変から日中戦争へ』岩波新書、二〇〇七年
岡部牧夫『満州国』講談社学術文庫、二〇〇七年
細川呉港『草原のラーゲリ』文藝春秋、二〇〇七年
内田知行編『日本の蒙疆占領　一九三七―一九四五』研文出版、二〇〇七年
小林英夫『〈満洲〉の歴史』講談社現代新書、二〇〇八年
田中克彦『ノモンハン戦争　モンゴルと満洲国』岩波新書、二〇〇九年
森久男『日本陸軍と内蒙工作』講談社、二〇〇九年
ユ・ヒョヂョン、ボルジギン・ブレンサイン編著『境界に生きるモンゴル世界』八月書館、二〇〇九年
楊海英『墓標なき草原（上）（下）』岩波書店、二〇〇九年

第二章

外務省外交史料館「外地における本邦人の軍事裁判関係・中国の部・『判決文』綴」第二巻D門一類三項

国立公文書館「BC級（中華民国裁判関係）北京裁判」第七二号事件

東京回教団『日本に信倚する回教徒』一九二九年

若林半『回教世界と日本』非売品、一九三七年

松室孝良「皇国の大陸政策と支那に於ける回教問題に就いて」『イスラム』第二号、一九三八年

佐久間貞次郎「北支並びに蒙疆の回教民族の現状」『イスラム』第三号、一九三八年

大日本回教協会『大日本回教協会の使命に就いて』一九三九年

大日本回教協会『東半球に於ける防共鉄壁構成と回教徒』一九三九年三月

大日本回教協会『記録　回教圏展覧會』非売品、一九四〇年

大日本回教協会『西北及び新疆の近情』一九四三年十二月

愛知県、名古屋市、大日本回教協会他「回教圏貿易座談会」『回教世界』第二巻第六号、一九四〇年

外務省調査部第三課蒙回班「回漢対立問題とその解決について」『回教事情』第二巻第一号、一九三九年二月号

伯言「新中国再建設裡における回教の重要性」『回教世界』第一巻第四号、一九三九年

白今愚「中国の回教民族（一）〜（五）」『回教世界』第二巻第十二号、一九四〇年〜第三巻第四号、一九四

一年
馬淵修「抗戦下支那回教徒の動向」『回教世界』第二巻第八号、一九四〇年
A・G・フィンドレイ『西北支那の回教徒』満洲事情案内所、一九四一年
西雅雄「最近の支那民族問題」『回教圏』第五巻第三号、一九四一年
西雅雄「中国共産党の少数民族政策」『蒙古』第八巻第三号、一九四一年
西雅雄「西北支那の民族問題」『蒙古』第九巻第九号、一九四二年
(茂川秀和前言)『回教工作カラ見タ華北施政ノ一断面』一九四一年七月
(茂川秀和序文)『時局ト回教問題』大東亜回教研究所、一九四四年三月
三田了一・竹内義典『北支那回教事情』満鉄北支経済調査所、一九四一年
津吉孝雄「華北回教徒の生活」『大乗』第二十一巻四〜十号、一九四二年
栗原清『極秘　中国回教問題の重要性につき諸賢に訴ふ』一九四三年六月
三田了一『支那に於ける我が回教対策に就いて』中国回教總聯合会、一九四三年?
岩村忍『中国回教社会の構造（上）（下）』日本評論社、一九四九〜五〇年
森島守人『陰謀・暗殺・軍刀』岩波新書、一九五〇年
藤川敏夫（本名、茂川敏夫）「侏儒の時代」『文藝』一九五六年十一月号
訪中元軍人団世話人会『元軍人団の中国訪問記』一九五七年?

佐藤亮一『北京収容所』河出書房、一九六三年
防衛庁防衛研修所戦史室『戦史叢書　北支の治安戦〈1〉』朝雲新聞社、一九六八年
防衛庁防衛研修所戦史室『戦史叢書　北支の治安戦〈2〉』朝雲新聞社、一九七一年
中田吉信『回回民族の諸問題』アジアを見る目、アジア経済研究所、一九七一年
有末精三『有末精三回顧録』芙蓉書房、一九七四年
山岡光太郎『世界の神秘境アラビヤ縦断記』前嶋信次編『メッカ』芙蓉書房、一九七五年に所収
柿崎進『「天津監獄」一五三二日　日本人・父と娘の手記』現代企画室、一九七六年
片岡一忠「日本における中国イスラーム研究小史」『大阪教育大学紀要』第二部門、第二十九巻第一号、一九八〇年十月
洲之内徹「銃について」『帰りたい風景　気まぐれ美術館』新潮社、一九八〇年に所収
中田吉信「中国ムスリムに接して」『アジア・アフリカ資料通報』第十九巻第八号、一九八一年
中田吉信「中華人民共和国の宗教政策イスラム教界の対応を中心に」『レファレンス』第三十五巻第二号、一九八五年
寺島英明「近代回族の民族問題」岡本敬二先生退官記念論集編集委員会編『アジア諸民族における社会と文化』国書刊行会、一九八四年
大川周明顕彰会編『大川周明日記』岩崎学術出版社、一九八六年

小村不二男「日本におけるイスラーム界の今昔」『アッサラーム』第三六号、一九八六年
ファドルッラー張「中国におけるイスラーム十民族」『アッサラーム』三七号、一九八八年
ファドルッラー張「中国におけるイスラーム・その現状」『アッサラーム』三八号、一九八八年
アブデュルレシト・イブラヒム『ジャポンヤ　イスラム系ロシア人の見た明治日本』第三書館、一九九一年
茶園義男編『BC級戦犯中国・仏国裁判資料』不二出版、一九九二年
佐藤次高「アラビア語を話すアホンたち」「特集中国のイスラム教」『しにか』一九九二年七月号
佐口透「中国地域へのイスラムの進出と拡大」同右
片岡一忠「清朝と回族の反乱」同右
梅村坦「北京ムスリムの日常から」同右
張承志『回教から見た中国』中公新書、一九九三年
張承志『殉教の中国イスラム』亜紀書房、一九九三年
秦郁彦『盧溝橋事件の研究』東京大学出版会、一九九六年
安藤潤一郎「回族アイデンティティと中国国家」『史学雑誌』第一〇五巻第十二号、一九九六年十二月号
鈴木規夫『日本人にとってイスラームとは何か』ちくま新書、一九九八年
田澤拓也『ムスリム・ニッポン』小学館、一九九八年
新保敦子「日中戦争時期における日本と中国イスラム教徒　中国回教總聯合会を中心として」『アジア教育

史研究』第七号、一九九八年

新保敦子「西北回教聯合会におけるイスラム工作と教育」『早稲田大学教育学部学術研究（教育・社会教育・体育学編）』第四八号、二〇〇〇年二月

新保敦子「日本占領下の華北におけるイスラム青年工作　中国回教青年団をめぐって」『早稲田教育評論』第一四巻第一号、二〇〇〇年

新保敦子「『大東亜戦争』期における日本植民地・占領地教育の総合的研究」『平成10・11・12年度科学研究費補助金（基盤研究（B）（一）研究成果報告書』二〇〇一年三月

臼杵陽「戦時下回教研究の遺産　戦後日本のイスラーム地域研究のプロトタイプとして」『思想』九四一号、二〇〇二年

高明潔「中国人ムスリム＝回族のダブル・アイデンティティ回族の成立とその現状」『文明２１』二〇〇二年十月号

店田廣文「戦中期日本におけるイスラーム研究　早稲田大学図書館所蔵『イスラム文庫』の概要と研究課題」『早稲田大学人間科学研究』第十五巻第一号、二〇〇二年

安藤潤一郎「十九世紀初から一九四五年期間日本の中国モスレム策略」『日本中東学会年報』二〇〇三年第十八―二号

新保敦子「日本占領下における宗教政策　中国華北のイスラーム教徒をめぐって」『早稲田大学教育学部学

術研究（教育・社会教育学編）』第五二号、二〇〇四年
新保敦子「日本軍占領下での少数民族政策と教育　イスラーム世界との出会いをめぐって」『日本の教育史学』第四七号、二〇〇四年二月
店田廣文「戦中期日本における回教研究」『社会学年誌』四十七号、二〇〇六年
洲之内徹『棗の木の下』『洲之内徹文学集成』月曜社、二〇〇八年に所収
伊藤隆編『「戦犯者」を救え　笹川良一と東京裁判[2]』中央公論新社、二〇〇八年
田中秀雄『石原莞爾と小澤開作』芙蓉書房出版、二〇〇八年
坂元勉編著『日中戦争とイスラーム』慶應義塾大学出版会、二〇〇八年
松長昭『在日タタール人』東洋書店、二〇〇九年

中国回教總聯合会『回教月刊』一九三八年〜一九四〇年
回族簡史編写組『回族簡史』寧夏人民出版社、一九七八年
民族問題研究会編『回回民族問題』民族出版社、一九八〇年
彭年「日寇控制下的偽『回聯』」中国人民政治協商会議北京市委員会文史資料研究委員会編『日偽統治下的北平』北京出版社、一九八七年
楊恵雲主編『中国回族大辞典』上海辞書出版社、一九九三年

白寿彝『中国回回民族史』中華書局、二〇〇三年
周瑞海等『中国回族抗日救亡史稿』社会科学文献出版社、二〇〇六年
李国棟『民国時期的民族問題与民国政府的民族政策研究』民族出版社、二〇〇七年

第三章

JACAR（アジア歴史資料センター）『新疆政況並事情関係雑纂』第三巻～第九巻、外務省外交資料館A門六類一項
北田正元『時局と亜細亜問題』東亜研究所内皐月會、一九三九年
大日本回教協会『記録　回教圏展覧會』非売品、一九四〇年
脇坂利徳「新疆独立戦の回顧（一）～（六）」『回教世界』一九四一年一月号～六月号
オーウェン・ラティモア「新疆省の回教徒」『回教世界』一九四一年二月号
外務省調査部第三課蒙回班「新疆事情一班」『回教事情』第一巻第二号、一九三八年八月号
外務省調査部第三課蒙回班「帝政ロシヤの新疆経略の態様と其の特性」『回教事情』第三巻第三号、一九四〇年九月号
外務省調査部第三課蒙回班「英国の新疆経営の過去と現状」『回教事情』第四巻第一号、一九四一年四月号
スヴェン・ヘディン『馬仲英の逃亡』改造社、一九三八年。中公文庫、二〇〇二年

スヴェン・ヘディン『さまよえる湖』筑摩書房、一九四三年。中公文庫、二〇〇一年
スヴェン・ヘディン『シルクロード』高山書院、一九四四年。中公文庫、二〇〇三年
鈴木住子『チャードルの女』日本週報社、一九五九年
比企久男『大空のシルクロード』芙蓉書房、一九七一年
胡桃沢耕史『天山を越えて』徳間書店、一九八二年
胡桃沢耕史『シルクロード タクラマカン砂漠2500キロの旅』光文社文庫、一九八九年
竹内義典「ウィグル族との出会いと思い出」『アジア・アフリカ資料通報』第二〇巻第四号、一九八二年七月
中田吉信「新疆ウイグル自治区と日本人（一）～（七）」『アジア・アフリカ資料通報』第二一巻第五号、一九八三年八月～第二三巻第五号、一九八五年八月
新免康「新疆ムスリム反乱（一九三一～三四年）と秘密組織」『史学雑誌』九九編一二号、一九九〇年
新免康「ホージャ・ニヤーズについて」『アジア・アフリカ言語文化研究所通信』七一号、一九九一年
新免康「東トルキスタン共和国（一九三三～三四年）に関する一考察」『アジア・アフリカ言語文化研究』四七号、一九九四年
新免康「江沢民体制を揺さぶる少数民族問題」『世界』一九九七年六月号
新免康「ウイグル人民族主義者エイサ・ユスプ・アルプテキンの軌跡」毛利和子編『現代中国の構造変動

七　中華世界　アイデンティティの再編』東京大学出版会、二〇〇一年
新免康「現代中国におけるイスラム　新疆ウイグル自治区を中心に」「特集中国のイスラム教」『しにか』一九九二年七月号
堀直「新疆ムスリムの日常生活」同右
田中宏巳「アブデュル・カリム擁立運動と新疆ムスリムの動向」神田信夫先生古希記念論集編纂委員会編『清朝と東アジア』山川出版、一九九二年
王柯『東トルキスタン共和国研究』東京大学出版会、一九九五年
王柯「近代における日本と新疆（東トルキスタン）」山内昌之編『中央アジアと湾岸諸国』朝日選書、一九九五年
小島麗逸「中国漢民族による新疆の経済支配」広瀬崇子編『イスラーム諸国の民主化と民族問題』未来社、一九九八年に所収
日本ムスリム協会「小村師逝く」『会報イスラーム』第一三五号、一九九八年十二月
市原敏男「追悼　小村不二男師」『アッサラーム』八〇号、一九九九年
新免康「越境する新疆・ウイグル」『アジア遊学』第一号「特集　越境する新疆・ウイグル」、一九九九年
堀直「新疆がどうして中国になったのか　近現代の経済史から」同右
大石真一郎「ウイグル人の近代　ジャディード運動の高揚と挫折」同右

藤山正二郎「ウイグル語の危機　アイデンティティの政治学」同右
真田安「バザール・混沌の奥にある社会システムを求めて」同右
章瑩「新疆における国境貿易」同右
菅原純「創出されるウイグル民族文化」同右
新免康「聖なる空間を訪ねて」同右
王建新「ウイグル人のイスラム信仰」同右
池上正治「一日走破タクラマカン砂漠」同右
リズワン・アブリミティ「模索するウイグル人」同右
今谷明『中国の火薬庫　新疆ウイグル自治区の近代史』集英社、二〇〇〇年
神原達『中国の石油と天然ガス』アジア経済研究所、二〇〇二年
新免康「ウイグル人の歴史と現在」『アジ研ワールド・トレンド』第一一二号「特集　ウイグル人の現在」、
二〇〇五年
堀直「ウイグルの古都ヤルカンド」同右
菅原純「翻弄された文字文化　現代ウイグル語の黄昏」同右
菅原純「ウイグル人と大日本帝国」同右
リズワン・アブリミティ「新疆におけるウイグル人の民族学校」同右

藤山正二郎「儀礼的世界のウイグル人」同右
岡奈津子「カザフスタンのウイグル人」同右
関根正男編『日本・アフガニスタン関係全史』明石書店、二〇〇六年
清水由里子・新免康・鈴木健太郎「ムハンマド・エミン・ボグラ著『東トルキスタン史』の研究」NIHUプログラム「イスラーム地域研究」東京大学拠点、二〇〇七年
水谷尚子『中国を追われたウイグル人』文春新書、二〇〇七年
水谷尚子「ウイグルの襲撃事件はテロか」『Voice』、二〇〇八年十月号
高田純『中国の核実験』医療科学社、二〇〇八年
メルトハン・デュンダル「オスマン皇族アブデュルケリムの来日」坂本勉編著『日中戦争とイスラーム』慶應義塾大学出版会、二〇〇八年
ラビア・カーディル『ウイグルの母　ラビア・カーディル自伝』武田ランダムハウスジャパン、二〇〇九年
イリハム・マハムティ『7．5ウイグル虐殺の真実』宝島社新書、二〇一〇年
包爾漢『新疆五十年』文史資料出版社、一九八四年
新疆社会科学院歴史研究所『新疆簡史』第三冊、新疆人民出版社、一九八八年
余駿昇主編『新疆文史資料精選』第三冊、新疆人民出版社、一九九八年

中国新疆地区伊斯蘭教史編写組編著『中国新疆地区伊斯蘭教史』第二冊、新疆人民出版社、二〇〇〇年
厲声主編『中国新疆　歴史与現状』新疆人民出版社、二〇〇三年
李琪『〝東突〟分裂主義勢力研究』中国社会科学出版社、二〇〇四年
潘志平、王鳴野、石嵐『〝東突〟的歴史与現状』民族出版社、二〇〇八年

新書版あとがき

人は人生で多くの間違いをおかす。私の痛恨事の一つは、中国をみくびったことだ。はじめて訪中したのは高校時代の一九七九年三月、鄧小平が改革・開放路線に舵を切ってから三ヶ月しか経っていない時期だった。北京の街頭には毛沢東の肖像や革命のスローガンが掲げられ、文化大革命の負の遺産を至るところに観察できた。

毛沢東は、一九五八年に大躍進政策を打ち出したとき、「十五年でイギリス経済を追い越してみせる」と豪語した。その十五年はとうに過ぎていたが、結果は惨憺(さんたん)たるものだった。経済は崩壊状態で、所在なげに路上を徘徊する「待業青年」（失業者）たちは目に光がなく、みすぼらしい人民服に身をやつしていた。

その後、私は一九九〇年から三年ほど銀行員として北京に駐在した。改革・開放以降、すでに十年を越えていたが、「六・四」（第二次天安門事件）で人民を虐殺した中国政府は制裁を受けて世界から孤立し、中国人民はやるせない閉塞感に打ちひしがれていた。

かくも悲惨な国が立ち直り、イギリス経済どころか日本経済を追い越す日が来ようとは夢想だにしなかった。当時の中国人たちは低姿勢で「国際的なルールを学びたい」などと殊勝なことを言っていた。恥を忍んで告白するが、私は中国の取引先に国際金融のノウハウを伝授し、海外からの資金調達に手を貸す仕事に関わった。

左頁のグラフの一九九四年以降を隠して見て欲しい。一九八〇年から九三年までの推移を見て、四半世紀後のこんにちの事態を予想できるだろうか。

中国は着々と経済を再建し、国力を蓄積し、富国強兵に猛進して、いまや日本は経済力において中国に凌駕されたばかりか、その軍事的脅威にさらされている。さらに中国は米国の覇権に挑戦し、「一帯一路」なる中国主導の新たな世界秩序を構築しようとしている。

私は、中国人たちの臥薪嘗胆(がしんしょうたん)の思いに気づかなかった。何十年かけてでも目的を達成する中国人の潜在力と執念をみくびっていた。不覚不明を悔いるばかりだ。

私の世界認識は、大学生だった八〇年代から若手銀行員だった九〇年代に形成された。米国でケインズ主義からミルトン・フリードマン流の新自由主義へ転換するレーガン革命が勃発してから金融自由化、プラザ合意、ブッシュ(父)政権時代の冷戦崩壊と日米構造協議、そしてクリントン政権による年次改革要望書が猛威を振るった時期にあたる。

当時の私には、米国発のグローバリズムこそが最大の脅威に思えた。ソ連崩壊以降、日

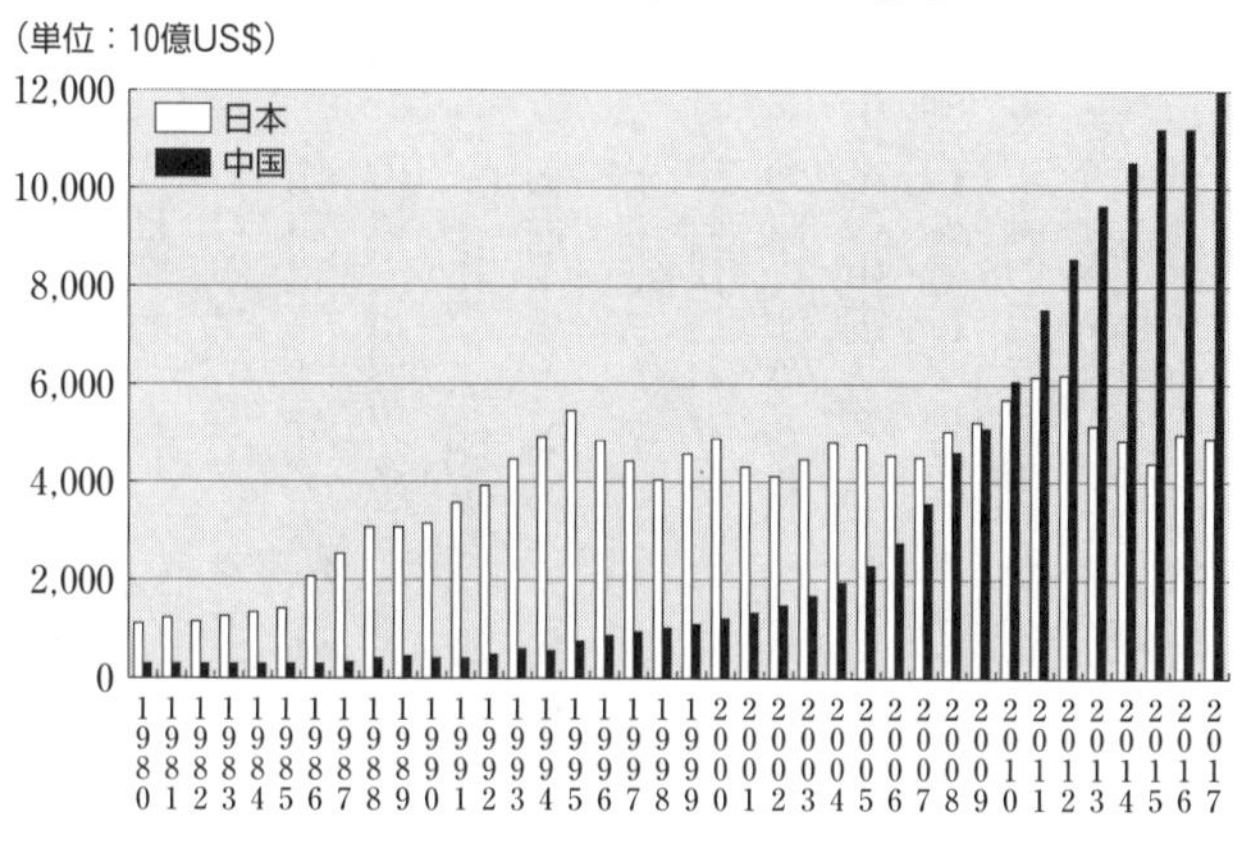

出典：IMF World Economic Outlook Databases

本の経済力が米国の主たる攻撃目標となった。米国の内政干渉と市場原理の暴走は、我が国の国民経済と社会の安寧を崩壊せしめ、中産階級を没落させて共産主義の温床を生む。野放図なアメリカ化は日本固有の価値観や我が国の国柄を破壊する、と危機感に駆られた。

そして物書きに転業して、ブッシュ（子）政権の意を受けた小泉・竹中内閣の構造改革と、オバマ政権の意を受けた菅・野田内閣の「平成の開国」に徹底抗戦した。はからずも、志を同じくする政治家や草莽憂国の士の協力を得て、一定の歯止めをかけるささやかな役割を果たせたかと思う。それは当時としては間違っていなかった、と今は思いたい。

だが時代は変わった。二〇一六年のイギリスのEU離脱にかかわる国民投票、米国大統領選挙におけるブッシュ・クリントンの没落とトランプ旋風、欧州大陸におけるEUへの反発と「極右ポピュリズム」（私はこのレッテル貼りに反対する者だが）の台頭を見せつけられて思うのは、世界史を画するパラダイムの転換が起きたということだ。

それは、「市場」が国家を凌駕するEra of Globalism（形而下的現象としてのGlobalizationではなく、形而上学としてのGlobalism）の終焉である。グローバリゼーションという現象は止めようがないが、イデオロギーとしてのグローバリズムも、私のささやかな抵抗運動も、もはや時代遅れとなった。

「市場」の時代が終わり、国家と民族の時代になった。安倍晋三の日本、トランプの米国、習近平の中国、プーチンのロシア、モディのインド、エルドアンのトルコなど、強力な民族派指導者に率いられた国民国家が、国益と安全保障をかけて覇権を争う時代になったことは、誰の目にも明らかだ。

かつて、大英帝国と帝政ロシア＝ソビエト帝国が、ユーラシア大陸で勢力圏の拡大を競う「グレート・ゲームの時代」と呼ばれた歴史があった。

中国はいま、強大化した経済力と軍事力に自信をつけて、「一帯一路」と称する新たな「ゲーム」を仕掛けている。新中華帝国の拡張主義をいかに封殺するか。それが我が国のみならず、中国の脅威と対峙するすべての国家と民族の至上命題となるに至った。本書を復刊する意義があるとすればここにあろう。

本書の主題である防共回廊構想は、戦後タブーとして封印された。モンゴル工作の部分を除けば、イスラーム工作やウイグル工作の部分は防衛研修所の戦史にさえ記録されていない。なぜならそれは戦後の世界体制、とりわけ中華人民共和国とソビエト連邦からすれば、その最大の弱点である民族問題を剔抉(てっけつ)される、あまりにも恐るべき正鵠(せいこく)を射た戦略だったからだ。

東西冷戦に直面した米国も、遅まきながら、戦前日本が孤軍奮闘しつつ取り組んだ防共の意義を思い知ることとなった。だが、今さら「日本が正しかった」と認めるわけにはいかなかったのだろう。「戦前の日本は他国を侵略した邪悪な軍国主義の国だった」と歴史が改竄され、防共回廊構想は「無かったこと」として抹殺された。

米国は、こともあろうにソ連と手を結び、日本を叩き潰して防共回廊を葬るという歴史的過ちを犯した。その結果、ソ連の影響圏がアジアに拡大して中国大陸、北朝鮮、北ベトナムが赤化し、米国と直接戦火を交えることとなった。組むべき相手を間違えた米国が、そのために喪失した尊い命と国帑ははかりしれない。

防共回廊がもしも実現していれば、中華人民共和国と朝鮮民主主義人民共和国の成立も、朝鮮戦争もベトナム戦争も無かったであろう。なんという多くの人命が失われずに済んだことか。歴史に「もし」は無意味と言われるが、この問いかけはあまりにも重い。だからこそ、私たちは歴史を検証し、封印された史実を再発見し、世界に向かって自らの正当性を闡明し続けなければならないのである。


本書をまとめるにあたっては多くの方々のご指導ご支援を仰いだ。特に茂川和夫氏、茂川敏夫氏、奈良保男氏、宮崎正弘氏、宮脇淳子氏、イリハム・マハムティ氏から貴重な資料やご示唆を賜った。改めて深甚なる謝意を表したい。

本書は二〇一〇年に祥伝社から単行本として刊行され、同年、文化庁が所管する国際言語文化振興財団が主催する「国際理解促進優良図書優秀賞」を受賞した。選考委員は櫻井よしこ先生、田久保忠衛先生、渡部昇一先生という錚々たる顔ぶれで、授賞式でも暖かいお言葉をかけて頂いた。渡部昇一先生にお目にかかれたのはそれが最後となった。

授賞式には当時、祥伝社書籍出版部の編集長だった岡部康彦氏、私と妻の三人で出席した。「奥様は本当にうれしそうなお顔をなさっていましたよ」という岡部氏の言葉を、私は生涯忘れられない。当時、妻は進行がんの治療で入退院を繰り返していて、その一年八ヶ月後にこの世を去った。本書の授賞式に出席できたことは、定収入のない執筆活動を、文句も言わずに十年も支えてくれた妻に対するせめてものはなむけになったと思う。

刊行から八年を経て、祥伝社新書の編集長に就任した岡部氏から新書化のお話を頂いた。岡部氏の厚情なくしては本書が再び世に出ることはなかった。ここに深くお礼申し上げたい。

復刊にあたり、最近のウイグル情勢と、二〇一四年に習近平が打ち出した「一帯一路」、二〇一七年に発足したトランプ政権の対中戦略等を踏まえ、第三章は改稿・加筆した。

今思えば、原著を世に問うたのは、日本人の中国認識を一変させた尖閣諸島沖漁船衝突事件が起きる以前のことであり、今や終身独裁者となった習近平もまだ最高権力の座に登りつめる前であった。原著の刊行はいささか早過ぎ、むしろ現在の方が時宜にかなっているのかもしれない。
『なんじ自身のために泣け』『大川周明の大アジア主義』と本書を以て、私のささやかなアジア三部作は完結した。なかでも本書は、私にとって最も思い入れのある渾身の一冊だ。この世に生を受け、この三作を世に遺し、いま再び本書を新たな形で残せるという僥倖に恵まれ、もはや思い残すことはなにも無い。ありがとうございました。

二〇一八年十二月八日払暁　國運分岐の報に接しつつ

関岡英之

関岡英之　せきおか・ひでゆき

ノンフィクション作家。1961年、東京生まれ。1984年、慶應義塾大学法学部を卒業後、かつて日本唯一の外為専門銀行だった東京銀行(現三菱ＵＦＪ銀行)に入行。本店営業部、資本市場第三部、北京駐在員事務所、ＯＥＣＦ(現国際協力機構)出向などを経て1997年のアジア通貨危機を機に退職。2001年、早稲田大学大学院理工学研究科修士課程を修了。2002年、第７回蓮如賞を受賞した『なんじ自身のために泣け』(河出書房新社)で執筆活動を開始。2004年、「年次改革要望書」による米国の対日内政干渉を世に知らしめた『拒否できない日本』(文春新書)が24刷のロングセラーとなる。著書は他に『奪われる日本』(講談社現代新書)、『大川周明の大アジア主義』(講談社)、『中国を拒否できない日本』(ちくま新書)、『国家の存亡「平成の開国」が日本を亡ぼす』(PHP 新書)等。本書は2010年に第２回国際理解促進優良図書優秀賞を受賞した『帝国陸軍　見果てぬ「防共回廊」』(当社刊)を新書版として新たに加筆・改稿した。

帝国陸軍　知られざる地政学戦略
――見果てぬ「防共回廊」

関岡英之

2019年2月10日　初版第１刷発行

発行者……………辻 浩明
発行所……………祥伝社しょうでんしゃ
〒101-8701　東京都千代田区神田神保町3-3
電話　03(3265)2081(販売部)
電話　03(3265)2310(編集部)
電話　03(3265)3622(業務部)
ホームページ　http://www.shodensha.co.jp/

装丁者……………盛川和洋
印刷所……………堀内印刷
製本所……………ナショナル製本

Printed in Japan　ISBN978-4-396-11563-0　C0220